CONFÉRENCES

SUR

L'ENSEIGNEMENT

DE

L'ÉCRITURE

Par J. TAICLET

OFFICIER D'ACADÉMIE

AUTEUR DE LA CITOGRAPHIE, MÉTHODE D'ÉCRITURE

Approuvée pour les écoles primaires, adoptée pour les écoles normales
Honorée de trois médailles de la Société de Paris
pour l'enseignement élémentaire

et recommandée par les Conseils académiques

D'AIX, BESANÇON, BORDEAUX, CAEN, CLERMONT, DIJON
GRENOBLE, MONTPELLIER, NANCY, POITIERS, RENNES, STRASBOURG, TOULOUSE

Les trois autres Conseils académiques n'ont pas recommandé de méthode d'écriture

> Hâter les progrès en écriture,
> c'est favoriser l'étude des autres
> branches élémentaires.

SECONDE ÉDITION

METZ

ROUSSEAU-PALLEZ, LIBRAIRE-ÉDITEUR

RUE DES CLERCS, 14

PARIS

HACHETTE & Cⁱᵉ   PAUL DUPONT
Boulevard-Saint-Germain, 77 | Rue de Grenelle-Saint-Honoré, 45

DANS LES DÉPARTEMENTS, CHEZ LES PRINCIPAUX LIBRAIRES

1864

DE

L'ENSEIGNEMENT

DE

L'ÉCRITURE

SOMMAIRE.

CONFÉRENCES

SUR

L'ENSEIGNEMENT

DE

L'ÉCRITURE

Par J. TAICLET

OFFICIER D'ACADÉMIE

AUTEUR DE LA CITOGRAPHIE, MÉTHODE D'ÉCRITURE

Approuvée pour les écoles primaires, adoptée pour les écoles normales
Honorée de trois médailles de la Société de Paris
pour l'enseignement élémentaire

et recommandée par les Conseils académiques

D'AIX, BESANÇON, BORDEAUX, CAEN, CLERMONT, DIJON
GRENOBLE, MONTPELLIER, NANCY, POITIERS, RENNES, STRASBOURG, TOULOUSE

Les trois autres Conseils académiques n'ont pas recommandé de méthode d'écriture

Hâter les progrès en écriture,
c'est favoriser l'étude des autres
branches élémentaires.

SECONDE ÉDITION

METZ

ROUSSEAU-PALLEZ, LIBRAIRE, ÉDITEUR

RUE DES CLERCS, 14

PARIS

HACHETTE & Cie | PAUL DUPONT
Boulevard Saint-Germain, 77 | Rue de Grenelle-Saint-Honoré, 45

DANS LES DÉPARTEMENTS, CHEZ LES PRINCIPAUX LIBRAIRES

1864

METZ

ROUSSEAU-PALLEZ

ÉDITEUR DE LA

CITOGRAPHIE

Méthode d'écriture

PROMPTE & FACILE.

PARIS

PAUL DUPONT

ÉDITEUR DES

CAHIERS PRÉPARÉS D'EXERCICES

d'après la Citographie.

AVIS DE L'ÉDITEUR.

Ces conférences, publiées en 1856 et 1857 dans le
Bulletin de l'Instruction primaire pour le département de
la Moselle, et adressées successivement à Messieurs les Inspecteurs d'Académie, ont été reproduites, par leur bienveillant intermédiaire, dans le Bulletin académique des
autres départements. Elles ont été jugées utiles à tous les
maîtres, quelle que soit la méthode d'écriture suivie par eux.

Les Instituteurs trouveront dans cet ouvrage, outre les
principes spéciaux à la matière, des moyens d'éducation,
des conseils sur le travail de classe, et, sur les tendances
naturelles aux enfants, des réflexions inspirées à l'auteur
par une longue pratique de l'enseignement.

Par ces conférences, M. Taiclet a eu pour but de faciliter
la tâche des Instituteurs et des Institutrices, en leur donnant la solution de toutes les difficultés que présente l'enseignement de l'écriture dans les écoles.

La seconde édition, que nous publions aujourd'hui, a été
augmentée selon l'esprit des nouvelles conférences que
l'auteur vient de faire dans les académies de *Nancy,* de
Strasbourg, de *Besançon* et de *Dijon,* suivant la mission
spéciale qui lui a été confiée en 1860 par Son Excellence
Monsieur le Ministre de l'Instruction publique.

Nous appelons plus particulièrement l'attention des Maîtres
et de toutes les personnes qui s'intéressent aux progrès de

l'instruction primaire, sur la 9e et la 10e conférence traitant, l'une des textes des modèles, l'autre de la lecture de
l'écriture; et sur la 12e où se trouve, avec des réflexions
sur le procédé du *calque* et l'emploi des *Cahiers préparés*
destinés au premier enseignement, l'exposé de la manière
dont l'écriture doit être enseignée, aussi bien dans les
écoles normales que dans les écoles primaires.

Assurer à l'enseignement de l'écriture une *méthode* appropriée aux écoles de tous les degrés; travailler à amener
l'unité de vue et de direction dans cette branche importante
des études élémentaires; chercher, enfin, à faire disparaître
ces écritures altérées qui gênent souvent la marche des
affaires, c'est rendre à la fois service au pays et aux Instituteurs: au pays, en popularisant une écriture convenable, simple et facile, lisible et rapide; aux Instituteurs,
en mettant à leur disposition un guide journalier offrant
pour chaque école une marche et des principes fondés sur
la nature, des procédés conformes au bons sens et sanctionnés par l'expérience.

De nombreux témoignages de sympathie ont été adressés à
l'auteur depuis la publication de la *Citographie;* mais nous
nous contenterons de reproduire quelques-uns des rapports par lesquels la méthode d'écriture et les conférences
de M. Taiclet ont été si favorablement appréciées dans les
départements de l'Est. Rien, d'ailleurs, ne saurait mieux
prouver les avantages qu'offre une méthode d'enseignement que l'opinion unanime des hommes spéciaux et des
autorités scolaires qui ont pu la juger, et par l'exposé de
la combinaison qu'elle présente, et par les résultats qu'elle
produit.

R. P.

MINISTÈRE

DE

l'Instruction publique

ET DES

CULTES.

Paris, le 20 Janvier 1858.

A MONSIEUR TAICLET, INSTITUTEUR PUBLIC A METZ.

Monsieur,

Vous m'avez fait l'honneur de m'adresser un recueil de *Conférences sur l'enseignement de l'Écriture,* présentant le développement des principes exposés dans votre *Citographie.*

J'ai pris connaissance, avec intérêt, de cette nouvelle publication, et j'ai reconnu que les conseils donnés par vous aux Instituteurs, sont de nature à favoriser efficacement les progrès de la Calligraphie.

Je vous félicite des efforts que vous n'avez cessé de faire pour le perfectionnement de cette branche des études élémentaires, et je vous prie de recevoir, Monsieur, l'assurance de ma considération la plus distinguée.

Le Ministre de l'Instruction publique
et des Cultes,

ROULAND.

MINISTÈRE

DE

l'Instruction publique

ET DES

CULTES.

Paris, le 50 Août 1860.

A MONSIEUR TAICLET, INSTITUTEUR PUBLIC A METZ.

Monsieur,

Le compte favorable qui m'a été rendu des résultats obtenus par l'application de votre méthode de l'enseignement de l'écriture, me fait désirer que ces résultats se propagent.

Je vous invite, en conséquence, à poursuivre, dans les départements de l'Est, les conférences que vous y avez ouvertes depuis quelques années, et dont les meilleurs témoignages m'ont permis d'apprécier l'heureux effet.

J'espère que les élèves-maîtres comme les instituteurs en profiteront utilement.

Vous voudrez bien en référer, pour tout ce qui concernera l'exécution, à l'autorité de Messieurs les Recteurs et Inspecteurs dans la circonscription desquels vos conférences seront formées.

Recevez, etc.

Le Ministre de l'Instruction publique
et des Cultes,

ROULAND.

ACADÉMIE DE NANCY.

***

Nancy, le **22 Mars 1862.**

A MONSIEUR TAICLET, INSTITUTEUR PUBLIC A METZ.

Monsieur,

Il m'a été rendu compte des conférences que vous avez bien voulu faire, dans les écoles normales du ressort, sur l'enseignement de l'écriture.

Les excellents conseils que vous avez donnés à nos élèves-maîtres sur tout ce qui concerne l'art calligraphique, et sur les soins dont le travail des enfants doit être l'objet, porteront leurs fruits, je n'en doute pas, et resteront dans la mémoire de ces futurs instituteurs comme un précieux souvenir.

Votre méthode me paraît reposer sur une longue et intelligente observation. Généralement suivie dans les écoles de ce ressort académique, elle produit partout des résultats satisfaisants. Je suis heureux de pouvoir vous en donner le témoignage.

Je vous remercie, Monsieur, non-seulement d'avoir exposé, avec un désintéressement qui vous honore, les secrets ingénieux de la Citographie à nos jeunes gens, mais encore de leur avoir montré, par votre exemple, ce que peut obtenir la volonté du bien lorsqu'elle est soutenue par une énergique persévérance.

Recevez, Monsieur, l'assurance de mon estime et de ma considération très distinguée.

Le Recteur,

DUNOYER.

ACADÉMIE DE STRASBOURG.

CONFÉRENCES DE M. TAICLET

à Strasbourg et à Colmar.

M. Taiclet, instituteur public à Metz, officier d'académie, est auteur d'une méthode d'écriture qui a été, comme le savent les lecteurs du *Bulletin*, approuvée pour l'enseignement dans les écoles primaires et recommandée pour celui des écoles normales. M. le Ministre de l'Instruction publique, après avoir fait constater les résultats de cette méthode, a autorisé M. Taiclet à l'exposer dans des conférences, soit aux élèves-maîtres des écoles normales, soit aux instituteurs. En conséquence, ces conférences ont eu lieu à l'École normale de Strasbourg, du 2 au 9 de ce mois; et, en présence de M. l'inspecteur d'Académie, de M. le directeur de l'Ecole et de MM. les professeurs, M. Taiclet a exposé aux élèves-maîtres le *plan*, les *principes* et les *procédés* de sa CITOGRAPHIE, et, dussions-nous blesser sa modestie, il n'y a que justice à dire qu'il l'a fait avec une logique, une clarté et une force de raisonnement très remarquables.

Dans tous les développements de sa méthode, M. Taiclet se montre non-seulement praticien consommé, mais encore, ce qui est mieux, ami sincère de l'enfance et véritable instituteur, non moins désireux d'alléger la tâche des maîtres que de rendre aux élèves le travail facile et l'étude de l'écriture attrayante.

Il ne considère point, lui, l'écriture comme un but: il ne la regarde, avec infiniment de raison, que comme un moyen d'instruction et d'éducation; fidèle à ce principe, il ne se borne pas à enseigner, par des procédés aussi simples que faciles, à écrire *bien* et *vite*, dans le moins de temps possible; il apprend sûrement à l'enfant, et par la démonstration orale, et par la comparaison entre les caractères d'imprimerie et les caractères d'écriture, le nom de chaque lettre manuscrite, qui sans cela ne serait pour lui qu'un signe sans valeur ou qu'une figure insignifiante, à cause de la différence de forme. Par des exercices comparatifs, non plus seulement sur les lettres, mais encore sur les syllabes et les mots, ce maître (car M. Taiclet s'est présenté bien plus encore comme instituteur de l'enfance que comme calligraphe) ce maître met l'élève, comme à son insu et presque sans peine, en état de lire l'écriture aussitôt que le caractère imprimé, chose plus difficile qu'on ne le pense généralement, surtout dans l'enseignement collectif. Par cette combinaison intelligente, propre à sa méthode, et par l'excellent choix des préceptes de ses modèles, les exercices d'écriture, qui se prolongent pendant plusieurs années dans les écoles primaires, deviennent à la fois des *leçons d'écriture*, de *lecture manuscrite*, *d'orthographe* et de *morale*. Il y a un grand charme à entendre M. Taiclet exposer comment ce travail varié et attrayant hâte nécessairement les progrès des commençants, soutient l'émulation des élèves plus avancés et assure, par suite, aux efforts de tout maître dévoué les résultats les plus satisfaisants.

Les leçons d'écriture données aux jeunes enfants d'après les cahiers préparés de M. Taiclet, et aux élèves des classes supérieures, d'après les bons et beaux modèles détachés de la Citographie, doivent en outre faire acquérir à tous un fond de connaissances utiles, et ainsi améliorer sûrement leur instruction en général.

Ainsi, cette méthode d'écriture, déjà suivie avec succès dans nos Écoles normales et dans un grand nombre d'écoles du Bas-Rhin, est combinée d'une manière non moins favorable à toute l'éducation première de l'enfance qu'aux progrès de la calligraphie. On en comprend encore mieux toute la valeur quand on a entendu son auteur l'exposer, et qu'on l'a vu unir la pratique à la théorie, et exécuter ce qu'il conseille avec une merveilleuse adresse et une précision rigoureuse. Nous espérons que nos élèves-maîtres, qui ont suivi avec une attention soutenue ces longues conférences, en tireront bon parti, et pour eux-mêmes, et pour les enfants qu'ils auront à diriger dans un avenir prochain.

Le rapport des conférences de M. Taiclet à l'école normale de Colmar, est conçu dans les mêmes termes que le précédent. Le défaut de place nous oblige, bien à regret, de n'en citer que la phrase suivante:

« La méthode de M. Taiclet est connue et appliquée depuis longtemps dans le Haut-Rhin avec un grand succès. Mais elle profitera mieux encore maintenant que la parole du maître est venue vivifier ses principes, et que les futurs instituteurs sont familiarisés avec ses procédés d'exécution aussi simples qu'ingénieux (1). »

(1) Extrait du *Bulletin académique* du Haut et du Bas-Rhin, n^{os} du 15 et du 50 décembre 1862.

ACADÉMIE DE BESANÇON.

CONFÉRENCES DE M. TAICLET

à Besançon, Lons-le-Saunier et Vesoul.

Nous croyons devoir donner place dans nos colonnes à la note suivante, qui nous est communiquée par M. l'Inspecteur de l'Académie de Besançon :

M. Taiclet, instituteur public à Metz, auteur d'une méthode de calligraphie fort estimée, a donné dans les derniers jours de 1863, avec l'agrément de M. le recteur de l'Académie, des conférences sur l'enseignement de l'écriture aux élèves des deux Écoles normales de Besançon et au noviciat des Sœurs de la Charité.

Ces conférences suivies avec intérêt ne sauraient être sans profit. La méthode de M. Taiclet étant, par son plan, appropriée aux écoles de tous les degrés, doit tout naturellement amener dans l'enseignement de l'écriture de sensibles améliorations et, peut-être, conduire à une unité de vue et de direction qu'on ne saurait trop désirer dans les écoles d'un même département.

M. Taiclet s'est montré dans ces conférences maître expérimenté et praticien consommé. C'est surtout dans la séance de clôture qu'il a réuni tous les suffrages, lorsqu'il a parlé des précieux résultats que peut réaliser, sous le triple rapport calligraphique, grammatical et moral, un bon choix des modèles. Avec une pareille méthode, l'écriture n'est plus seulement chose mécanique, c'est une étude qui forme à la fois l'esprit et le cœur (1).

---

(1) La *Franche-Comté*, n° du 9 janvier 1864.

M. Taiclet, auteur d'une méthode d'écriture connue sous le
nom de *Citographie*, a donné cette semaine (janvier 1864), avec
l'autorisation de M. l'Inspecteur d'Académie, une série de conférences dans les deux écoles normales du Jura. Ces conférences
ont été suivies avec beaucoup d'attention et d'intérêt par les
élèves et les maîtres. A propos de la calligraphie, M. Taiclet a
donné d'excellents conseils pédagogiques, et montré que toutes
les branches de l'enseignement peuvent concourir, dans une
certaine mesure, à l'éducation morale des enfants (1).

M. Taiclet, instituteur à Metz, officier d'Académie, auteur
d'une méthode d'écriture appelée *Citographie*, a dernièrement
exposé cette méthode aux élèves-maîtres de l'École normale de
Vesoul, dans une série de conférences qui ont sans cesse captivé
l'attention de l'auditoire. M. l'inspecteur d'Académie, M. le
curé de la ville, M. le proviseur du lycée et d'autres personnes
qui s'intéressent aux progrès de l'enseignement, ont assisté à
quelques-unes des séances, et ont exprimé leur satisfaction. Cela
devait être ; car l'excellence des procédés de M. Taiclet est depuis
longtemps reconnue.

Mais, ce qui est plus précieux encore qu'une belle écriture,
on trouvera dans la méthode de M. Taiclet, c'est-à-dire dans la
collection de ses modèles, un véritable cours de morale. Chaque
phrase, chaque mot à copier exprime une idée qui s'adresse au
cœur aussi bien qu'à l'esprit. En un mot, M. Taiclet s'est montré,
dans ses intéressantes leçons, développées avec un véritable
talent, aussi bon éducateur de l'enfance qu'habile calligraphe.
Nul doute que nos futurs instituteurs, qui l'ont écouté avec tant
d'attention et de plaisir, ne propagent bientôt parmi les popu-
lations rurales les ingénieux procédés et les salutaires principes
d'éducation qui viennent de leur être exposés (2).

(1) La *Sentinelle du Jura*, n° du 17 janvier 1864.
(2) La *Haute-Saône*, n° du 13 février 1864.

ACADÉMIE DE DIJON.

CONFÉRENCES DE M. TAICLET

dans les cinq écoles normales du ressort.

M. Taiclet a terminé ses conférences dans l'Académie de Dijon le 20 juin 1864. Nous connaissons l'appréciation des plus favorables qui a été faite, là comme partout ailleurs, de ces conférences, même par les journaux des départements. De plus, dans sa session qui vient d'être close, le Conseil de cette Académie a aussi porté la *Citographie* sur la liste définitivement arrêtée par lui des livres classiques.

Au moment de mettre sous presse, nous sommes heureux de recevoir ce nouveau témoignage de haute sympathie de la part de M. le Recteur, de MM. les Inspecteurs et des autres membres du Conseil académique du ressort de Dijon.

CONFÉRENCES

SUR

L'ENSEIGNEMENT DE L'ÉCRITURE.

PREMIÈRE CONFÉRENCE.

—

Ce qui doit être fait de plus utile, en écriture, dès la rentrée des classes.

Dans toute école où l'enseignement est sagement entendu, le maître ne manque pas de faire revoir aux élèves les éléments des connaissances qui leur ont déjà été enseignées. Bien convaincu que les progrès, chez les enfants surtout, reposent sur l'intelligence complète des premières notions acquises, l'instituteur expérimenté ne craint même pas de tenir les élèves quelque temps sur ces notions, si cela lui paraît nécessaire ; car il sait que si, en matière d'enseignement, il ne faut se hâter que lentement, il est encore nécessaire de revenir fréquemment sur les choses vues.

Pourquoi ne ferait-on pas pour l'écriture ce qui se fait généralement pour toutes les branches d'instruction ? De même que l'esprit qui n'est pas développé, conçoit difficilement, de même aussi la main qui n'est pas fortifiée, ne peut exécuter que péniblement. Il importe donc de donner à la main, surtout après le repos des vacances, ce qui lui est toujours si nécessaire pour exécuter facilement et vite : l'*assurance*, la *hardiesse*, la *légèreté*, enfin les dispositions que ne peut plus communiquer sûrement la *copie* d'un texte quelconque, quand les écritures se trouvent être décousues ou négligées, surtout par suite des mouvements irréguliers contractés par la main, ce qui se remarque généralement à la rentrée des classes. Ce changement désavantageux dans l'écriture de presque tous les élèves, même dans celle des meilleurs, a souvent lieu plusieurs fois dans le courant de l'année. Il n'est, en effet, que trop commun dans les écoles, ainsi que dans les leçons particulières les plus soignées, de voir de belles écritures devenir tout à coup *irrégulières, disgracieuses,* et cela, malgré le zèle du maître dont ce changement *subit, décourageant,* mais *presqu'inévitable,* fait souvent le désespoir.

Ainsi, soit qu'on veuille régulariser les mouvements saccadés de la main, ou seulement leur imprimer une plus grande vivacité, soit qu'on désire perfectionner ou rectifier la forme graphique, on doit, chaque fois que le besoin s'en fait sentir, faire recommencer, d'après le calque ou d'après l'imitation, les *exercices prépara-toires et généraux de la cursive* (1), en rappelant aux élèves les principes concernant l'exécution et la forme de chaque lettre, ainsi que le but de chaque groupe ou combinaison de lettres: il n'y a que des exercices spéciaux, constituant une véritable gymnastique pour la main, qui puissent opérer, promptement, les réformes désirables.

Dans toute méthode d'écriture bien appropriée à l'enseignement, les lettres, toujours présentées isolément, sont accompagnées d'*exercices spéciaux* dont le but n'est pas seulement de préparer la main à trouver facilement la forme de tout caractère, de toute combinaison de lettres ; mais encore de la disposer à exécuter vite et bien.

Un mois, et même moins, peut suffire pour obtenir toutes les réformes nécessaires ; surtout si, au lieu de se borner à remettre des cahiers préparés entre les mains des élèves, ou à placer des modèles sous leurs yeux, le maître démontre au tableau les principes et les exercices de la méthode suivie, et s'il adresse à tous les élèves à la fois ses conseils sur la position du corps et du papier, sur la tenue de la main et de la plume : il rendra ainsi ses leçons non-seulement plus intéressantes, mais encore plus profitables qu'en passant près de chacun pour lui indiquer à *demi-voix* des principes généraux qui, étant les mêmes pour tous les élèves, demandent à être entendus de tous.

Je conseille, en outre, à tous mes Collègues, de faire faire à leurs élèves, dès la rentrée des classes, une composition d'écriture comme point de départ du savoir-faire de chacun. Refaite deux fois l'année

---

(1) Ce soin est rendu très facile à l'instituteur lorsque la méthode qu'il suit comprend, d'après le calque, un *cahier résumé* destiné à cet usage.

(il importe que les pages destinées à servir de terme de comparaison présentent le même texte), vers Pâques et avant les vacances, elle servirait avantageusement à prouver à la fois les progrès de chaque élève et les soins dont ils ont été l'objet.

QUESTION.

A quel âge les enfants doivent-ils commencer à écrire ?

RÉPONSE.

Tous les enfants, ceux des villes aussi bien que ceux des campagnes, ont le plus grand intérêt à savoir au plus tôt non-seulement lire, mais encore écrire et compter ; de plus, à posséder l'orthographe, surtout celle des mots les plus usuels. Il importe donc qu'ils puissent acquérir le plus vite possible les premières notions de ces connaissances élémentaires. Pour cela, il est nécessaire que les jeunes enfants commencent à écrire de bonne heure, d'autant plus que les élèves cessent généralement de fréquenter l'école dès l'âge de 12 à 13 ans, et souvent même après ne l'avoir suivie qu'irrégulièrement. Aussi, les soins de tous les maîtres éclairés par l'expérience tendent-ils à ce que les élèves possèdent déjà pour l'époque de leur première communion, tout ce qui, en *éducation* et en *instruction*, doit leur être partout et toujours utile.

Mais comment l'instituteur le plus zélé, le plus désireux du progrès, assurerait-il ce bienfait à ses élèves, si, dans sa classe, l'écriture ne devenait que tard *l'auxiliaire* du calcul et de l'orthographe ? ou encore s'il ne faisait écrire les enfants que lorsqu'ils savent lire ? Il y a des enfants qui se présentent si tard à l'école, et d'autres qui mettent tant de temps à apprendre à lire !

Il convient que l'écriture et la lecture, qui se prêtent d'ailleurs un mutuel appui, marchent de front : si elles sont enseignées simultanément, les progrès des élèves sont toujours plus facilement et plus sûrement obtenus. On sait que la variété dans les exercices plaît aux enfants et leur fait aimer le travail, l'étude, et même l'école.

De plus, l'expérience prouve que les classes où règnent la meilleure discipline, l'émulation la plus salutaire, sont celles où l'on exerce les élèves à la lecture, à l'écriture et au calcul dès le premier jour de leur entrée à l'école.

Certains instituteurs trouveront peut-être que la chose n'est pas possible ; elle l'est cependant : montrer à un enfant, en l'intéressant, ce qui est toujours avantageux, de quelle main il doit tenir le crayon ou la plume ; lui indiquer une lettre, la lui nommer, et la lui faire nommer à son tour ; le faire compter une première fois jusqu'à *dix*, ou seulement jusqu'à *cinq*, ayant sons les yeux des objets capables de frapper *ses sens*, et par conséquent de parler à son intelligence non encore développée, n'est-ce pas donner à cet enfant une bonne leçon de lecture, d'écriture et de calcul? Tout maître doit pouvoir trouver parmi ses élèves avancés des moniteurs capables de le seconder dans ses leçons aux commençants.

D'un autre côté, il importe aussi de ne pas perdre de vue que l'écriture est une affaire de temps, une affaire d'habitude, et chacun sait que les habitudes ne se prennent toutes que lentement. Ce n'est pas en un jour que le jeune garçon, même le plus adroit, apprend à conduire sûrement son crayon ou sa plume ; ce n'est pas en un jour que la jeune fille, fût-elle très-intelligente, parvient à manier habilement son aiguille ; comme ce n'est pas non plus en un jour, ni en un mois, ni même en quelques années que le jeune maître le plus dévoué acquiert l'art si difficile d'enseigner, et l'art plus important encore d'élever la jeunesse.

Ainsi, pour les divers motifs que je viens d'énoncer, il convient de faire écrire les enfants vers l'âge de *cinq* ou *six ans*, et plus tôt si leur *santé* et le *matériel de l'école* le permettent. La chose est d'autant plus possible, dans toute école primaire, qu'on voit dans certaines classes, surtout dans celles où il est fait usage de cahiers préparés d'après un genre de calque bien gradué (voir à ce sujet la 12e *conférence* traitant du *calque* et des *cahiers préparés*), des enfants de cet âge écrire d'une manière remarquable; de plus, copier des phrases sans faute, et faire déjà de petits devoirs fort propres.

Mais pour obtenir de pareils résultats, il faut que les enfants soient bien guidés et surveillés attentivement, surtout sous le rapport de la position du corps, qui doit être *naturelle*, partant *commode;* car une fausse position qui les gênerait ou les fatiguerait, pourrait, étant répétée, arrêter leur développement physique, et compromettre même leur santé. Si donc les jeunes élèves, en raison de leur nombre, ne peuvent être surveillés constamment par le maître, il est nécessaire qu'ils le soient du moins par un élève avancé, pris à tour de rôle parmi les plus habiles ; car il ne convient pas, dans le commencement, qu'ils travaillent seuls, abandonnés à eux-mêmes. Il n'est pas raisonnable non plus qu'ils n'aient pour modèle que leur propre travail, nécessairement très imparfait : ils doivent, à chaque leçon, avoir sous les yeux et à leur portée, ou un modèle spécial ou un tracé sur le tableau noir (modèle général), capable, par la hauteur des lettres, d'attirer et de fixer leur attention, *l'élément si essentiel de tout progrès dans l'instruction*.

Il faut, de plus, que les commençants soient dirigés par des procédés et des exercices qui s'adressent bien plus à la main qu'à l'esprit, l'écriture ne pouvant être pour eux, à leur âge surtout, qu'un art d'*imitation*.

Dans certaines écoles, surtout dans beaucoup de salles d'asile, on a peint en noir sur les murs *l'alphabet de l'écriture Cursive*; et les jeunes enfants, à qui il sert ordinairement de *premier et d'unique modèle*, en exécutent les lettres dans l'ordre suivant lequel il les présente, c'est-à-dire dans l'ordre alphabétique, si peu convenable pour l'étude de la Calligraphie. Les exercices difficiles et les leçons inintelligibles qu'offre aux commençants cette *marche*, aussi peu intéressante que peu naturelle, ne sauraient évidemment être favorables ni à la culture de la main dont le mécanisme a tant besoin d'être exercé d'une manière méthodique, ni à l'exécution graphique à laquelle se façonne toujours très difficilement une main non bien préparée, ni au développement des facultés intellectuelles; ce point est cependant de la plus haute importance : car que peuvent donner des exercices, même fréquemment et longtemps répétés, si les élèves n'ont pas la *facilité* de les reproduire ; des leçons, même bien expliquées, s'ils n'ont pas le *moyen* de les comprendre ?

DEUXIÈME CONFÉRENCE.

—

De l'insuffisance et des inconvénients qu'offre l'usage exclusif des modèles d'écriture.

Toute méthode d'Écriture, spécialement destinée aux écoles primaires, par conséquent à l'enseignement collectif, doit avoir pour premier but de diriger les élèves instinctivement, comme le font les bonnes méthodes de lecture. Il faut, en outre, que les exercices soient aussi, dans le même but, classés selon les tendances naturelles des enfants, et, de plus, gradués conformément au principe qui prescrit de proportionner le travail à l'*âge*, à l'*intelligence* et aux *dispositions* de celui auquel il est imposé, principe qui n'a pu être qu'imparfaitement observé par les auteurs d'ouvrages calligraphiques, malgré tous leurs efforts : étrangers, la plupart, à l'enseignement, ils ne peuvent en connaître ni toutes les difficultés ni les vrais besoins.

Il est nécessaire encore que les procédés des méthodes à l'usage des écoles, diffèrent des procédés des méthodes composées en vue de l'enseignement individuel, cachet qu'elles portent toutes, à en juger seulement par le plan. Le maître particulier est toujours à côté de son élève ; mais l'instituteur ne peut pas, lui, être à la fois près de chacun de ses élèves pour lui faciliter la pente et l'exécution, et pour lui aider à donner aux lettres la forme, la hauteur et l'égalité voulues, soit en conduisant sa main faible ou tremblante, soit en lui faisant suivre, pour la façonner plus vite à l'exécution de certains caractères, un *tracé au crayon*, exercice que l'enfant, dont les mouvements ne sont pas assurés, répète tant que cela est nécessaire.

L'Écriture demande donc à être enseignée dans les classes autrement que dans les leçons particulières, surtout quant aux procédés.

Il est vrai que rien n'est plus facile que de mettre un modèle ou un cahier préparé sous les yeux d'un enfant ; mais rien ne lui est plus difficile, à lui, que de savoir comment il doit s'y prendre pour tracer l'élément le plus simple, la lettre la plus facile, si elle n'a pas été exécutée devant lui, au moins sur l'ardoise ou sur le papier :

car il ne saurait deviner. D'un autre côté, que sont et que peuvent être en réalité pour de jeunes enfants les lettres quand ils les voient pour la première fois, d'après un modèle quelconque, et sans que leur attention ait été appelée graduellement sur elles par une leçon au tableau noir, sinon des caractères sans intérêt, des figures insignifiantes, des dessins sans attrait même, puisqu'ils ignorent le nom, la valeur, le but des lettres qu'ils représentent, et que rien ne leur indique par où il faut commencer ou finir une seule d'entre elles. Cette difficulté est réelle, je ne la crée pas ; elle existe pour tout enfant qui n'a pas été initié au secret que présente l'exécution du caractère le plus simple : je ne fais que la signaler, dans le but de rendre l'enseignement de l'Écriture plus agréable aux élèves et plus facile à mes collègues. Le maître à qui cette difficulté aurait échappé jusqu'ici peut facilement être éclairé à ce sujet : qu'il trace sur le tableau, même dans une grande dimension, un *C*, un *I* et un *O*, lettres qui se trouvent placées en première ligne dans la plupart des méthodes ; qu'il charge douze enfants d'intelligence différente et à la veille d'écrire, de tracer à leur tour ces caractères soit sur l'ardoise soit sur le papier, et qu'il se borne à les surveiller attentivement.

Cette expérience, toujours très intéressante à faire, sera peut-être fort utile sous le point de vue pédagogique. On reconnaîtra bientôt que ces lettres, si simples pour celui qui sait, ne le sont pas autant pour celui qui ne sait pas ; car on verra qu'après avoir tous hésité sur la manière de les exécuter, la moitié, peut-être, des élèves commenceront ces trois lettres par la fin, surtout les deux premières, et qu'ils les exécuteront même d'une façon bien différente, si elles sont précédées d'un trait. Leur embarras sera grand surtout pour l'*O* dont rien n'indique à l'œil ni le commencement ni la fin.

Que ne verraient pas mes collègues s'ils présentaient à l'imitation de ces mêmes enfants les autres lettres de l'alphabet, sans les avoir auparavant initiés à la formation de chacune d'elles par un tracé convenablement exécuté devant eux sur le tableau noir !

J'engage néanmoins à pousser plus loin encore l'expérience que je recommande. Je conseille de faire exécuter, de la manière indiquée, non-seulement par de jeunes élèves, mais encore, si on le peut, par des adultes de tout âge, et absolument ignorants, les chiffres de forme cursive. Ici encore, on sera témoin de choses curieuses ; on constatera chez la plupart des élèves une tendance à commencer par le bas les chiffres 5, 7 et 9. Qu'on ne s'en étonne toutefois pas trop ; car il n'est pas rare de rencontrer des personnes qui exécutent à rebours plusieurs chiffres, notamment le 6, le 9 et même le 0 (zéro); tandis qu'elles s'y prennent bien lorsque ce caractère est employé pour un *o* (o).

Il importe donc, comme on voit, que les jeunes élèves soient bien guidés et bien surveillés, surtout dans les commencements.

En résumé, un modèle d'écriture quelconque ne pouvant guère être plus profitable à l'élève qui ne sait encore ni observer ni imiter, que ne l'est un livre à l'enfant qui ne connaît pas ses lettres, il paraît aussi rationnel que convenable de commencer par éveiller chez les commençants l'attention, par fixer leurs yeux, enfin par développer chez eux l'esprit d'observation. Rien n'est plus propre à cet effet, surtout dans les classes, que la démonstration, au tableau, des principes, des exercices généraux, ainsi que des moyens propres à corriger les défauts de forme dans lesquels tombent tous les élèves. Mais à ce double exercice doit être restreint à peu près l'emploi du tableau noir dont l'emploi exclusif ne saurait remplacer le *cahier préparé*, surtout le *modèle détaché*, qu'avec perte pour l'instruction des enfants en état de copier une phrase et un texte quelconque, ainsi que je le prouverai dans la troisième conférence.

QUESTION.

Faut-il faire écrire les enfants sur l'ardoise ou sur le papier?

RÉPONSE.

L'ardoise peut nuire, et même beaucoup, aux progrès en écriture, si l'on fait écrire les enfants en *gros*, surtout si les caractères ont la hauteur qu'on leur donne généralement dans les écoles où l'ardoise est employée; parce qu'on oblige ainsi les commençants à appuyer fortement sur le crayon pour obtenir les pleins (1); et qu'on développe encore, au lieu de la combattre, la tendance si naturelle chez eux d'appuyer sur le crayon, et de le serrer entre les doigts : c'est, en un mot, déformer la main au lieu de la former. De là aussi vient, tout d'abord, qu'un si petit nombre d'élèves, même d'élèves-maîtres, parviennent à une *belle et rapide expédiée*, et que tant d'employés de bureaux, et de maîtres mêmes, écrivent si *péniblement* et si *lentement;* il n'est cependant pas moins avantageux de pouvoir écrire facilement et vite que de savoir bien écrire.

---

(1). Le même inconvénient ne saurait non plus être évité s'ils écrivent en gros sur le papier, surtout en se servant d'une plume très fine.

Mais l'ardoise favorisera toujours les progrès, si l'on fait écrire les élèves en *moyen*, et si l'on n'exige d'eux qu'un *dessin*, qu'une simple *esquisse* de la lettre ; car alors, loin de donner de la lourdeur à la main, comme le pensent certaines personnes, l'ardoise et le crayon de talc préparent les enfants assez promptement à une exécution plus facile et plus hardie sur le papier.

Arrivé là, l'enfant éprouvera peut-être, pendant quelques jours, une petite difficulté à conduire sa plume : on comprend que cela puisse être ainsi ; mais comme il a dans l'œil la forme des lettres, et que, de plus, sa main a l'habitude de les reproduire, il réussira facilement à bien diriger sa plume, ainsi qu'à acquérir la vivacité de mouvement que réclame l'écriture cursive, sutout l'expédiée.

Le travail de l'élève est ainsi mis à sa portée. Autrement, c'est un travail compliqué, au-dessus des forces de l'enfant ; et voilà précisément pourquoi les commencements sur le papier sont si informes, se régularisent si lentement, si difficilement, et exigent de la part du maître tant de soins pour que les élèves ne contractent pas, dès le début, de mauvaises habitudes d'exécution, qu'il est ensuite toujours si difficile de réformer complètement.

Malgré les avantages qu'offre l'ardoise dans les écoles, surtout pour occuper d'écriture les jeunes enfants, elle est généralement remplacée, depuis quelques années, par l'emploi de *cahiers préparés d'exercices*, soit pour l'*imitation* soit pour le *calque*, mais principalement par ces derniers.

Il est vrai que par l'imitation, comme par l'ardoise, les commençants tombent inévitablement dans de nombreux défauts de forme, qui ne peuvent être facilement prévenus que par des *exercices en couleur* sur lesquels ils repassent à l'encre : le *calque*, en effet, n'a pas seulement le précieux avantage de mettre promptement dans l'esprit la forme des lettres ; il a encore celui de la faire passer sûrement dans la main, et de prévenir, par là, une mauvaise habitude d'exécution.

Néanmoins, je dirai que l'ardoise peut être employée, pendant quelque temps, et dans toute école, avec non moins de succès que d'économie.

TROISIÈME CONFÉRENCE.

—

De l'insuffisance et des inconvénients que présente l'emploi exclusif du tableau noir pour les leçons d'écriture.

Pour obtenir sûrement, dans les écoles, des succès satisfaisants, soit en instruction soit en éducation, il ne faut pas seulement à l'Instituteur du zèle ; il lui faut encore, pour auxiliaire, des méthodes appropriées à l'enfance, afin qu'elles soient facilement applicables, en même temps que sagement progressives. Qui ne sait que le succès d'un maître, même habile et dévoué, dépend en grande partie des ouvrages qu'il suit et des procédés qu'il emploie ? Ils sont pour lui ce que les outils sont pour l'ouvrier : avec une bonne méthode, comme avec un bon outil, la tâche est adoucie, le travail est moins pénible, et les résultats sont plus prompts et plus sûrs.

Il importe donc, pour toute personne vouée à l'enseignement, de savoir reconnaître les méthodes et les procédés dont on peut faire usage avec le plus de succès pour chaque branche d'instruction. Aussi essaierai-je d'éclairer mes collègues sur la méthode et les procédés d'après lesquels l'écriture, dans les écoles, peut être enseignée le plus facilement pour le maître et de la manière la plus fructueuse pour les élèves.

L'écriture n'est encore enseignée, dans certaines classes, que de deux manières : soit par le secours de modèles gravés, lithographiés ou écrits à la main, soit par celui de figures tracées à la craie, sur le tableau noir.

Pendant longtemps on a écrit une lettre, un mot ou une ligne en tête de la page de chaque élève ; ce moyen, condamné aujourd'hui par tant de personnes, n'est cependant pas à négliger : car il est le plus propre, quand le maître exécute devant les élèves, à leur apprendre à régler convenablement leurs mouvements, et à les initier avantageusement à la formation des divers caractères, ainsi qu'à la liaison des lettres entre elles, autre point également très important. Il est à peu près le seul pratiqué avec les jeunes élèves dans les leçons particulières ; il est encore le seul qui soit employé

avec succès dans les classes avec les élèves distraits, maladroits,
peu intelligents, ne sachant encore ni observer ni imiter, ou dont
la vue faible ne leur permet pas de distinguer les caractères tracés
sur le tableau noir. On voit que l'instituteur, de même que le professeur particulier, doit recourir à ce procédé, s'il veut assurer
les progrès de tous ses élèves. D'ailleurs, tout maître ne sait-il pas
que rien ne stimule les élèves, les grands aussi bien que les petits,
comme une lettre, un mot, une ligne exécutée sur leur cahier et
devant eux, surtout quand il s'agit d'obtenir d'eux, ce qui est toujours si difficile, soit des lettres d'une forme plus *ovale*, soit une
écriture plus penchée, ou moins serrée, ou moins lourde, et par
suite plus *gracieuse* et plus *rapide*.

On s'est borné ensuite à mettre des modèles détachés sous les
yeux des élèves, se contentant généralement de leur dire : *Copiez,
imitez.* La copie d'un modèle, si elle n'est pas précédée d'une
explication et d'une démonstration au tableau, ne peut que faire
prendre aux commençants de mauvaises habitudes d'exécution, et
que leur inspirer *l'ennui* et le *dégoût* qui conseillent mal.

Depuis quelques années, certains maîtres, frappés sans doute des
résultats fâcheux que produit une exécution qui réduit l'élève à un
rôle de machine, et désireux de les prévenir, ne font plus usage
que du tableau noir pour les leçons d'écriture, soit aux élèves
avancés, soit aux commençants. (J'ai recommandé, dès 1836,
la démonstration orale au tableau). Mais, en voulant éviter un inconvénient, ils sont tombés dans un autre non moins grave ; car en
négligeant entièrement l'emploi des modèles, ils se sont refusé un
auxiliaire toujours utile, un moyen toujours efficace de faire l'*éducation* des élèves en même temps que leur instruction.

Rien n'est certainement plus convenable, plus avantageux, sous
le rapport de la culture des facultés naissantes des enfants, comme
sous celui de l'exécution et de la forme graphiques, que de démontrer, au tableau noir, en présence des élèves, la pente et le moyen
de l'obtenir, (1) la manière de diriger les mouvements de la main,
les principes ou éléments, et tout ce qui se rapporte à l'exécution
des lettres, au perfectionnement de l'écriture. La *démonstration
orale* a, en effet, deux grands avantages : d'abord, elle éveille vive-

---

(1) Le tracé que présentent le 1er modèle de la *Citographie* et les pages de
mes *Cahiers préparés* est, pour obtenir la *pente*, un moyen aussi prompt à
démontrer pour le maître que facile à saisir pour les élèves. En partageant en
deux parties égales l'*angle droit* qu'offre ce tracé, le trait qui précède le *C* a
justement la pente voulue, celle des liaisons.

ment l'attention, fixe mieux les yeux et l'esprit, fait prendre aux élèves l'habitude de *remarquer*, de *comparer*, de *juger*, et leur communique par suite cet esprit d'observation, de réflexion et d'imitation qui, en développant leur intelligence, tend à leur rendre encore plus facile toute autre étude s'adressant particulièrement au raisonnement ; ensuite, elle permet au maître de s'adresser à la fois à tous ceux de même force à peu près, et de rendre ainsi ses leçons plus attrayantes, plus profitables que par le procédé ordinaire qui consiste à passer près de chacun, même pour lui expliquer les *principes généraux.*

Je suppose qu'un maître veuille un jour appeler sérieusement l'attention des élèves avancés, entre autre chose, sur les *points* et les *accents ;* quoi de plus convenable que de tracer à ce sujet, sur le tableau noir, des mots tels que *inégalité, sincérité, fidélité,* etc., afin de faire voir, à tous en même temps, que les points et les accents doivent être placés à la même hauteur, et être à peu près de même force? Une telle démonstration étant bientôt faite, il reste au maître le temps de surveiller les applications des élèves ; ce qui peut seul compléter heureusement sa leçon, et toutes celles de ce genre, qu'elles aient en vue l'*exécution* ou la *forme.*

Mais là doit se borner l'emploi du tableau noir pour les leçons d'écriture, qu'elles soient données soit d'après le modèle détaché, soit d'après le cahier préparé. (Voir à la *12ᵉ Conférence* de quelle manière l'écriture doit être enseignée dans les écoles). Il me paraît bien plus *intéressant,* bien plus *instructif* pour les élèves qui savent passablement *lire* et *écrire,* d'avoir à copier de bons modèles, bien gradués, bien composés sous le rapport des textes, que d'être obligés *toujours* d'imiter un mot ou une courte phrase écrite sur le tableau noir, souvent peu convenable pour cela, et souvent aussi trop éloigné des élèves pour que tous puissent y lire aisément de *l'écriture fine,* et remarquer, je ne dirai pas la forme des lettres (la chose, dans ce cas, n'est pas possible), mais la manière dont les mots sont écrits. Il importe cependant que les exercices d'écriture, qui, dans les écoles, se prolongent pendant plusieurs années pour la plupart des élèves, puissent encore être, pour ceux qui sont sortis des premiers éléments, à la fois des leçons de *lecture,* d'orthographe et de *morale.*

QUESTION.

**Les commençants doivent-ils se servir de plumes naturelles
ou de plumes métalliques.**

RÉPONSE.

L'accueil favorable dont les plumes d'acier ont été l'objet jusqu'ici, en prouve suffisamment l'utilité. Elles répondent, en effet, à un besoin vivement senti par tous ceux qui ne savent pas tailler leurs plumes ; et elles seront, selon toute probabilité, toujours recherchées : car, quoi qu'on fasse, un très grand nombre d'élèves ne possédant pas bien, en cessant de fréquenter l'école, l'adresse de tailler les plumes, force leur sera de recourir alors aux plumes métalliques.

Ils seraient encore forcés d'y recourir pour une autre raison : il faut un canif, même un bon canif, pour tailler une plume naturelle ; et tout le monde n'a pas de l'argent pour cet objet. De plus, un canif s'émousse ; il est nécessaire de le faire repasser souvent : ce sont de nouveaux frais. Et puis, si l'on habite la campagne, surtout si l'on est éloigné du chef-lieu, ou si le canif vient à se perdre ou à se casser, que faire alors ?

D'un autre côté, dans la plupart des bureaux aussi bien que dans les maisons de commerce, on est presque partout si pressé par la besogne, qu'on trouve toujours difficilement le temps de tailler ou de retoucher seulement sa plume d'oie chaque fois qu'on en éprouve le besoin ; et ce besoin se fait sentir souvent, surtout lorsqu'on passe les écritures sur les gros livres. Et alors quel embarras et quel sujet d'impatience pour certaines personnes, principalement pour celles qui ne sont pas habiles à tailler une plume !

Puisque tous les élèves peuvent ou doivent être obligés, pour une cause quelconque, de faire un jour ou l'autre usage de plumes d'acier, il paraîtra assurément avantageux à toute personne réfléchie que les enfants soient exercés, sous la direction de leur instituteur, à s'en servir utilement, et, de plus, éclairés par lui sur les soins de propreté à prendre pour les faire durer le plus longtemps possible.

L'utilité de ces plumes ne saurait donc être contestée ; mais la chose importante pour les maîtres, c'est de savoir si elles conviennent pour les enfants, et si leur emploi dans les écoles présente des avantages.

Une longue pratique a prouvé que les plumes métalliques, quand elles sont bien choisies, bien appropriées aux élèves, peuvent être employées avec de grands avantages dans les classes : on trouve, en s'en servant, économie de temps et d'argent, deux choses précieuses, et l'on en obtient des résultats beaucoup plus satisfaisants qu'avec les plumes naturelles (1).

On croit généralement que les plumes d'acier rendent la main lourde ; c'est vrai, si les enfants écrivent en *gros*, et surtout avec une plume fine ; mais ce n'est pas vrai, si on les fait écrire en moyen, et si l'on a soin de ne leur remettre que des plumes dont la largeur du bec égale à peu près l'épaisseur du plein des lettres, c'est-à-dire *les trois quarts ou au moins la moitié d'un millimètre*. Il convient, en outre, que ces plumes soient plutôt dures que tendres. Suivez attentivement les commençants, et vous vous convaincrez que la plume métallique, si elle est bonne, communique de la légèreté aux mains lourdes et de la fermeté aux mains trop légères : c'est que les mains lourdes ne tardent pas à reconnaître que cette plume ne se conduit facilement, et qu'on n'évite de déchirer le papier, qu'autant qu'on n'appuie pas dessus. Les mains trop légères s'aperçoivent bientôt, au contraire, qu'il faut appuyer un peu sur la plume, non-seulement pour mieux marquer leurs traits, mais encore pour assurer les mouvements, qui, sans cela, prendraient souvent une direction tout opposée à celle que l'esprit veut leur donner.

N'est-il pas avantageux et d'un heureux effet que les enfants, qui presque toujours appuient si fortement sur la plume, soient portés instinctivement à perdre cette habitude si nuisible à la bonté, à la rapidité de l'exécution ?

Une remarque générale, c'est que les écoles où l'écriture présente un ensemble satisfaisant, sont celles où l'usage des plumes métalliques est adopté. En effet, ces plumes, qui se tiennent mieux et se dirigent plus sûrement, facilitent les mouvements, favorisent l'exécution et donnent, par suite, une cursive plus penchée et plus gracieuse, ainsi qu'une expédiée plus légère et plus rapide, surtout

---

(1) On trouve, à Paris, chez Hachette et Paul Dupont, libraires, des plumes métalliques *graduées, numérotées* et *anotées*, spécialement appropriées à l'enseignement de l'écriture. Prix de la grosse de 144 plumes : de 80ᶜ à 1ᶠ50.

plus également *uniforme*, tant pour la pureté des pleins que pour la netteté des liaisons.

Il faut dire pourtant, dans l'intérêt de la vérité, que les nombreux avantages que présente l'emploi des plumes métalliques dans les classes, ne sont tous assurés qu'autant qu'elles sont bien choisies, et que l'instituteur a soin de proscrire les plumes à *bec fin* pour les commençants, et de veiller à ce que les jeunes élèves surtout cessent de se servir d'une plume dès qu'elle n'est plus bonne. Une plume métallique *trop fine* ou *fatiguée* se conduit difficilement, contrarie les mouvements de la main, rend l'exécution pénible et donne une mauvaise écriture. C'est faute de ces soins si faciles que les écritures, dans certaines écoles, ne sont pas ce qu'elles pourraient être.

En résumé, les plumes métalliques sont une invention dont les résultats sont des plus heureux : elles présentent aux familles une véritable économie de dépense, et aux instituteurs une grande économie de temps ; elles font éviter l'usage des canifs toujours si dangereux dans les mains des enfants, toujours si nuisibles au mobilier des classes ; elles favorisent l'exécution et assurent aux efforts des maîtres et des élèves des résultats plus satisfaisants. Elles ont rendu, en outre, plus faciles et plus fréquents les rapports entre parents et amis, rapports si difficiles, si rares avant les plumes d'acier, non-seulement de la part de ceux qui ne savaient que peu écrire, mais encore de celle de beaucoup de personnes instruites. Que de lettres n'ont pas été écrites ou sont restées sans réponse pendant des mois entiers, faute d'une plume taillée !

QUATRIÈME CONFÉRENCE.

Des moyens à employer pour régulariser l'écriture.

Pour s'assurer du degré de bonté d'une méthode quelconque, il convient de l'examiner avec le plus grand soin sous le triple rapport du plan, de la marche des leçons, et des procédés. C'est ce qui se fait généralement, excepté cependant pour les procédés qui ne sont que rarement l'objet d'une étude sérieuse. De là, pour plus d'un instituteur et d'une institutrice, des déceptions inattendues, et, par suite, très pénibles ; car ils n'obtiennent pas toujours, pour prix de leurs soins persévérants, les résultats qu'ils espéraient.

Les procédés doivent donc être aussi étudiés avec attention et réflexion, de même que toutes les autres parties de la méthode. Quand ils sont logiques et sûrs, ce sont autant de moyens qui aident les élèves à comprendre, et qui secondent puissamment les efforts du maître.

Comment, en lecture, par exemple, parviendrait-on, sans le secours de procédés convenables, à graver facilement et vite dans l'esprit et la mémoire des enfants, si distraits dans le jeune âge, la *forme* et le *nom* seulement des vingt-cinq lettres de l'alphabet ?

Comment, en calcul, réussirait-on, sans l'aide d'objets matériels, sans des moyens qui parlent à l'intelligence en même temps qu'aux yeux, à rendre compréhensible pour les commençants la formation des nombres, ainsi que leur représentation par des mots et des chiffres ?

Comment encore, sans une répétition sagement guidée, en un mot, sans certains procédés choisis, pourrait-on parvenir à mettre dans la mémoire d'enfants, souvent peu intelligents ou peu appliqués, les milliers de mots usuels que renferme notre langue, quand rien ne rappelle à l'esprit l'orthographe si bizarre et si difficile de la plupart d'entre eux (1) ?

---

(1) Au moyen des *Premiers Exercices d'Orthographe*, par M. *Taiclet*, les enfants apprennent facilement à bien écrire les 5,000 mots usuels que renferme ce livre élémentaire. Vol. in-12, 21ᵉ édition. Prix : 50 c.

L'écriture aussi réclame, bien qu'on paraisse généralement en douter, le secours de nombreux procédés, d'autant plus qu'il ne suffit pas, tout instituteur le sait, que l'esprit conçoive la forme des lettres, mais qu'il faut encore que la main puisse la donner. C'est précisément là que se trouve la difficulté qui, trop souvent, fait le désespoir, même des élèves-maîtres ayant du goût et des dispositions pour la calligraphie.

Aussi, une méthode ne réunit-elle pas toutes les conditions de succès, si elle n'offre un ensemble de procédés propres à alléger la tâche du maître, et à faciliter les progrès de tous les élèves, quels que puissent être la faiblesse d'intelligence de quelques-uns et le peu d'adresse de quelques autres.

Les méthodes d'écriture laissent le plus à désirer sous le rapport des procédés. Il est vrai que, contrairement aux autres méthodes, elles doivent présenter deux sortes de procédés : les uns destinés à faciliter l'exécution, et les autres ayant pour but spécial de régulariser l'écriture, c'est-à-dire de rectifier les défauts de forme si communs chez les commençants. De là, grande complication dans les difficultés; car pour trouver et donner les divers procédés nécessaires pour assurer à la fois la bonté de l'exécution et la beauté de la forme, il faut plus que savoir bien écrire. Il faut avoir étudié les enfants avec sollicitude et dans leurs instincts et dans leurs dispositions naturelles : non pas quelques enfants favorisés par la nature et qu'aucune difficulté n'arrête (l'épreuve ne serait pas concluante), mais de nombreux enfants, d'adresse et d'intelligence différentes, comme ceux qu'on rencontre dans les écoles primaires. Il faut surtout les avoir observés attentivement à l'œuvre, exécutant sur l'ardoise et sur le papier les diverses formes de lettres; et c'est ce que n'ont pu faire les auteurs d'ouvrages calligraphiques, étrangers à l'enseignement. Ce n'est cependant que par l'observation et l'étude des faits qu'on acquiert : 1° la connaissance exacte des difficultés que présente l'écriture à une jeune et faible intelligence, à une main novice et tremblante; 2° le sentiment d'un ordre progressif de travail. La réflexion, secondée par le désir du progrès, peut ensuite suggérer à tout auteur zélé les procédés nécessaires pour lever les difficultés qui doivent embarrasser maîtres et élèves.

Par des exercices bien gradués, l'exécution des divers caractères devient bientôt facile à tout élève, pour peu qu'on le fasse écrire, dans de bonnes conditions, une ou deux fois par jour; mais il n'en est pas tout à fait de même de la forme, qui ne s'améliore et ne se régularise que beaucoup plus lentement. En effet, tous les enfants, les adultes même, en cherchant à imiter certains traits, certaines lettres, tombent pendant longtemps dans une foule de défauts, plus ou moins étranges, provenant, chez les uns, du peu de sûreté de la main, et chez les autres, de la petitesse, de la faiblesse, et aussi quelquefois de la raideur des doigts.

Pour corriger les défauts, dans la forme graphique, il ne suffit pas toujours, ainsi que le pensent beaucoup de personnes, d'ailleurs judicieuses, de rappeler les élèves à l'observation des principes, de la vraie position du corps et de la bonne tenue de la main et de la plume : il faut encore souvent, outre cela, *prendre l'œil et la main par leur défaut, employer momentanément des principes forcés;* c'est-à-dire demander quelquefois aux élèves, afin qu'ils arrivent plus sûrement à faire bien, d'exagérer, dans un sens opposé, tel *trait,* tel *élément.* Ainsi les élèves qui ont une disposition à faire les dernières lettres d'un groupe ou d'un mot plus petites que les premières, ne devront pas seulement pour donner à toutes la même hauteur, se guider sur la dernière qu'ils ont tracée; mais encore *viser* la lettre qu'ils font, un peu plus haut que celles qu'ils viennent d'exécuter. Sans l'habitude de cette précaution, il serait impossible aux élèves, même aux calligraphes, de faire encore d'une hauteur égale tous les mots d'une ligne, surtout les derniers, à cause de l'obliquité du coup-d'œil.

On ne fera également disparaître le trop de *rondeur* dans les lettres *c, o, a, q, g, d, e,* défaut si général qu'il se remarque souvent dans les bonnes écritures, qu'en obligeant les élèves à donner à ces lettres, chaque fois que le besoin s'en fait sentir, une forme même trop *ovale,* surtout au *c,* qui sert à la formation des six autres.

Pour obtenir ce résultat, il suffira aux élèves : 1° de pencher beaucoup plus le trait ascendant (╱) qui précède ces lettres dans les premiers exercices; (1) 2° de descendre le corps du *c* sur le dit trait presque sur la ligne au crayon; 3° de peu arrondir cette lettre du bas; 4° et d'en remonter la liaison obliquement et sans la courber pour ainsi dire, surtout dans les lettres *a, q, g, d.* Ces lettres, pour s'exécuter *en une fois,* de même que toutes les autres,

---

(1) Ce trait, ainsi que tout maître pourra facilement s'en convaincre, ne facilite pas seulement la *formation* des lettres et la *correction* des défauts; il donne encore à la main de *l'élan,* et une *direction* favorable à une pente naturelle, partant appropriée aux dispositions de tout élève. Par ce trait, le maître est, en quelque sorte, près de chacun de ses élèves, l'aidant à exécuter une lettre ou à corriger un défaut de pente ou de forme.

doivent être formées non d'un *O*, ainsi que cela se pratique généralement au préjudice de la sûreté et de la rapidité de l'exécution, mais d'un *C*, en remontant la liaison par le bouton, afin de faciliter la seconde partie de l'*a*, etc., comme le fait pour la première partie le trait ascendant dont il est question plus haut.

Si les élèves font les lettres *m*, *n*, trop *larges* ou trop *étroites*, on devra leur demander de faire sortir momentanément la liaison du second jambage, non plus, selon la règle, vers le milieu de la hauteur du premier ; mais plus haut, s'ils doivent donner à ces lettres moins de largeur, et plus bas, s'ils doivent leur en donner davantage.

Un défaut dans lequel tombent fréquemment même les meilleurs élèves, c'est, dans l'écriture à main posée aussi bien que dans l'écriture courante, de ne pas donner aux boucles assez de hauteur, ni aux queues assez de longueur, ou bien de les faire inégales, quant aux proportions ; dans ce cas, il suffit rarement de leur rappeler que les boucles et les queues doivent avoir tant ou tant de corps ; il est presque toujours nécessaire de leur faire exécuter quelques pages où se trouvent tracées au-dessus et au-dessous du corps d'écriture, à la distance voulue, des lignes parallèles auxquelles tout élève doit faire aboutir l'extrémité de chaque boucle ou de chaque queue (1).

Si les élèves arrondissent trop du bas les lettres *t*, *i*, *u*, ainsi que celles où se trouve le second élément de l'*n* (*ι*), on ne corrigera ce défaut que par le défaut contraire. C'est toujours, quand il s'agit d'une réforme de ce genre, le remède dont le succès est le plus sûr.

Ces divers défauts de *forme*, et même ceux de *pente*, peuvent être prévenus, chez les commençants, par des exercices d'après le *calque*; ils sont, en outre, corrigés plus facilement, chez les élèves avancés, par les mêmes exercices : car le *calque* des *principes fondamentaux* est encore le procédé le plus prompt et le plus sûr pour rectifier les écritures devenues irrégulières.

Si, pour une cause quelconque, un élève a une écriture *lourde*, *décousue*, et, par suite, *droite*, on lui fera copier, pendant une ou plusieurs leçons, des mots gradués, courts et faciles, pouvant tous s'exécuter en une fois sans qu'il soit obligé de lever la plume, comme ceux que présentent notre *4ᵉ Cahier préparé*, et le 7ᵉ modèle du 1ᵉʳ cahier de la *Citographie*. Si l'on veille à ce qu'il trace ces mots progressivement plus vite, il aura nécessairement, après

____

(1) Voir à ce sujet le tracé de nos cahiers préparés nᵒˢ 5 et 6.

quelques pages de cet exercice, surtout s'il y apporte l'attention voulue, une écriture à la fois *légère* et plus *rapide, liée* et plus *penchée*.

Des mots gradués, comme je viens de l'indiquer, commençant par chacune des lettres de l'alphabet, et répétés chacun sur toute une ligne, constituent également un excellent exercice qui peut être demandé avec avantage, de temps en temps, comme composition, aux élèves avancés capables de trouver ces mots, ainsi qu'aux adultes, principalement quand on les prépare à l'écriture expédiée.

L'écartement des lettres d'un même mot dépend des liaisons plus ou moins avancées vers la droite. Si donc l'écriture d'un élève est trop serrée, on exigera que pendant un certain temps il en écarte les lettres, même d'une manière graduellement exagérée, en détachant, pour cela, fortement toute liaison du corps de chaque lettre, ce qui n'exige qu'un léger effort de la volonté.

Un seul mot tel que *mien*, s'exécutant sans reprise, peut suffire pour opérer la réforme désirée, surtout si les élèves écrivent ce mot soit sur une bande de papier détachée, soit sur une bande spéciale de leur cahier, d'une largeur double à peu près de l'étendue régulière du mot; et si l'on a soin que ce mot soit répété successivement un certain nombre de fois, et ait chaque fois une demi-lettre environ de plus de longueur, jusqu'à ce qu'il touche les deux extrémités de la bande.

Pour corriger le défaut contraire, on a recours au moyen opposé.

Si l'on a à régulariser soit une écriture devenue inégale, par suite de mouvements saccadés de la main, soit une écriture serrée, par suite d'espaces trop faibles laissés entre les mots, on pourra recourir avec succès à l'un des moyens suivants:

1° Faire repasser à l'encre la phrase en couleur de quelques-unes des dernières pages de notre 4e cahier préparé; 2° ou faire exécuter, d'après l'imitation, une ou plusieurs pages de notre 5e cahier, en veillant, dans ce dernier cas, que les élèves placent bien, dans les lignes blanches, les mots de chaque phrase, les uns sous les autres.

Ce n'est que par la répétition, sur toute une page, d'une même phrase d'une ligne, que l'œil et le goût sont exercés chez les élèves comme il convient, et qu'ils reprennent promptement et sûrement l'habitude de bien observer les distances entre les lettres, l'écartement entre les mots, et, par suite, celle d'une écriture régulière et agréable.

Un point important, c'est que les mots et les phrases choisis pour tout exercice destiné à améliorer la forme irrégulière des lettres, à perfectionner les écritures défectueuses, soient aussi tracés convenablement, devant les élèves, sur le tableau noir, et que le but de ces exercices leur soit expliqué oralement.

C'est, en général, par de tels procédés que tout instituteur peut espérer rendre ses leçons réellement profitables à tous ses élèves, en donnant à chacun une écriture sinon élégante, ce qui n'est pas toujours possible, ni même nécessaire, du moins *régulière* et *lisible*. Toutefois, je crois devoir prévenir mes collègues que pour corriger certains défauts de forme, les meilleurs moyens ne suffisent souvent pas; qu'il faut encore, pour y parvenir sûrement, connaître les causes de ces défauts; heureusement, on les trouve aisément en surveillant attentivement les élèves pendant qu'ils écrivent, particulièrement sous le rapport de la position du corps, de la tenue de la main et des doigts, et encore de celle de la plume.

QUESTION.

N'est-il pas utile d'exercer les élèves avancés à écrire sans le secours d'aucun tracé?

RÉPONSE.

Les enfants dirigés pour l'écriture d'après des *cahiers préparés* pour le calque ou pour l'imitation, écrivent d'abord entre deux lignes, ensuite sur une seule ligne. On procède généralement de même avec les élèves qui sont exercés à l'écriture par le moyen de modèles détachés, placés sous leurs yeux.

Mais il n'est pas avantageux de faire toujours écrire les élèves suivant le tracé des cahiers préparés, convenables seulement pour le premier enseignement de l'écriture; car pour exercer complètement le coup-d'œil des élèves avancés et disposer leur main à une exécution plus libre et, par suite, plus hardie, il importe que l'enseignement complémentaire donné à ces élèves comprenne des exercices sur les diverses grosseurs d'écriture, d'après des modèles détachés, et comme moyen de répandre de la variété sur les leçons, et comme moyen de perfectionner la forme graphique.

Pour atteindre plus sûrement ce dernier but, il convient que la grosse écriture soit presque toujours exécutée entre deux lignes, et parfois même sur trois lignes. Lorsque les modèles contiennent, comme ceux de la Citographie, une *ligne grise* coupant le corps de l'écriture en deux parties égales, les élèves voient mieux tout ce qui se rapporte à la forme de chaque lettre, minuscule ou majuscule, et le perfectionnement de leur écriture devient plus prompt et plus facile.

La moyenne et la fine écriture à main posée, doivent (hors les cas où l'on a des écritures inégales à rectifier) être exécutées sur une seule ligne; mais s'il est encore utile que ces grosseurs soient faites sur une ligne, il convient, toutefois, que les élèves les plus avancés soient exercés à écrire l'*expédiée* même sans l'aide d'aucun tracé. Il est nécessaire, en effet, de compléter de la sorte les leçons à ces élèves, si l'on veut qu'ils puissent un jour écrire facilement et droit, sans être forcés d'employer pour une simple lettre le *transparent*, ou la *règle* et le *crayon*. On pourra, avec un succès certain, employer les procédés suivants :

Faire écrire successivement plus vite: 1° de la *moyenne écriture* par dessus une ligne, de manière que les lettres soient coupées en deux par celle-ci ; 2° de l'*expédiée* entre deux lignes convenablement espacées qui, si l'élève montait ou descendait, l'en avertiraient aussitôt.

Frappés des résultats qu'on obtient en procédant de la sorte, des personnes éclairées et amies sincères de l'instruction, ont même cru qu'il serait possible, sinon de hâter, du moins de favoriser davantage encore les progrès de l'écriture courante, en faisant écrire les élèves, dès le commencement, sans le secours d'aucun tracé; mais l'expérience n'a point sanctionné cette opinion. Il devait en être ainsi; car lorsque des mains fortes et exercées ne peuvent, dans le principe, toujours exécuter une ligne sans aller en montant ou en descendant, comment espérer que des mains, faibles et tremblantes, puissent faire mieux?

Un enfant qui commence à marcher peut n'avoir pas besoin d'être tenu par deux mains; mais il est toujours nécessaire, tant que cet enfant chancelle, qu'il soit tenu par une main qui le soutienne, d'abord pour empêcher l'hésitation qui nuirait à ses progrès, ensuite pour prévenir les chutes.

L'élève qui a été habitué, dès les premières leçons, à tracer toutes les lettres en une fois et à les lier entre elles; qui, de plus, a été exercé, en écrivant sur une ligne, à les faire égales (voir comment il y est amené par la dégradation du tracé de notre 6° cahier d'exercices), est évidemment préparé de la manière la plus avantageuse à l'*expédiée*, la seule écriture réellement utile, la seule, par conséquent, qu'il importe de lui rendre familière.

CINQUIÈME CONFÉRENCE.

—

Des procédés propres à disposer les élèves à l'observation et à l'imitation.

Il n'importe pas seulement que l'instituteur fasse usage de méthodes sagement progressives et d'une application facile ; il faut encore qu'il les emploie avec discernement, et qu'il s'efforce en même temps de hâter, par tous les moyens possibles, le développement des facultés naissantes des enfants. On y parvient :

1° En occupant sans cesse les élèves, d'une manière agréable ou utile, dès leur entrée à l'école ;

2° En proportionnant leur tâche de chaque jour à leur âge, à leur force et à leur degré d'intelligence ;

3° En leur donnant, de bonne heure, l'habitude d'*observer*, de *comparer*, de *juger*, c'est-à-dire l'habitude d'un travail intelligent.

Ces principes, qu'indique la pratique, sont de la plus haute importance ; et il n'est pas une branche de l'instruction primaire qui n'en réclame l'application.

Pour ne parler que de l'écriture, que n'exige-t-elle pas afin que les progrès soient ce qu'ils peuvent être, eu égard à l'*organisation* plus ou moins heureuse de la main ? Ne faut-il pas que les enfants sachent tout voir dans un *élément*, tout remarquer dans une *lettre*, tout saisir dans un *assemblage de lettres*, sous le double rapport de la forme de chaque caractère et de chaque liaison ?

Ne convient-il pas, en outre, que les élèves puissent juger eux-mêmes leur propre travail, exécuté sur l'ardoise ou sur le papier : c'est-à-dire reconnaître *ce qui est bien, et ce qui est mal ?* Un élève qui sait remarquer ses défauts, peut, avec le temps et de l'exercice, parvenir à les corriger, surtout si le maître, ne se bornant pas à dire : *cette lettre n'est pas assez penchée, celle-ci l'est trop ; ce mot n'est pas bien, celui-ci est mal ; recommencez, recommencez encore,* lui donne le moyen de comparer, de vérifier, enfin, de bien faire, ainsi que cela doit avoir lieu pour les autres branches.

---

(1) Voir, à ce sujet, comment le but peut être atteint par des exercices combinés pour le calque et l'imitation, semblables à celui qu'offre déjà, par exemple, pour le *C*, la 9ᵉ page de notre 1ᵉʳ cahier préparé.

Mais, pour faire acquérir vite et sûrement aux enfants *cette habitude d'observation et cet esprit d'imitation* qui doivent assurer leurs progrès en calligraphie, il ne suffit pas d'expliquer ce qui se rapporte à chaque élément, à chaque lettre, en traçant même ces caractères devant les élèves ; car ce n'est leur donner que la connaissance des formes et la manière de les reproduire avec plus ou moins de bonheur. Ce n'est pas assez non plus d'exposer sur le tableau, à chaque leçon, aux regards de tous les élèves, les défauts qu'on a remarqués dans leur travail, en leur donnant, avec la cause des imperfections qui leur sont signalées, les moyens de les éviter ; car ce n'est encore que mettre les commençants en état de juger leur écriture et de l'améliorer.

Ces démonstrations, tant par les impressions qu'elles produisent sur les enfants, que par les lumières qu'elles leur communiquent, sont assurément très intéressantes et très utiles ; néanmoins une chose est encore nécessaire, indispensable même, pour achever de fortifier l'attention, de former l'œil à l'observation, l'esprit à l'imitation ; et cette chose, trop négligée pour les exercices d'écriture, c'est une *manière réfléchie de travailler.*

Ainsi, on favorisera, on assurera le développement des dispositions desquelles dépendent les progrès des enfants non moins que de la gradation des exercices : 1° en faisant toujours faire aux commençants une page, ou au moins une ligne entière du même *caractère*, du même *groupe* de lettres, du même *mot ;* 2° en les obligeant à indiquer (*par un trait*) d'abord le caractère, le groupe, le mot de chaque ligne qui est le mieux, ensuite celui qui est le plus mal.

L'effet de ces procédés est surtout grand et prompt si les élèves n'exécutent les lettres ni dans l'ordre alphabétique, ni dans aucun ordre arbitraire ; mais dans un ordre déterminé et par *l'analogie la plus sévère des formes, et par les mouvements semblables, plus ou moins difficiles, qu'exigent les vingt-cinq lettres de cursive.*

Les résultats seront plus remarquables encore si, après avoir fait exécuter isolément les lettres de chacune des séries établies, on exerce la classe à les lier graduellement entre elles : car les groupes n'obligent pas seulement l'élève à regarder plus attentivement son modèle ; ils forcent encore nécessairement son esprit à l'examen, à la comparaison, par suite du rapprochement des lettres de même forme.

Afin que les instituteurs qui liront ces lignes puissent apprécier autrement que par un conseil, les avantages qu'offrent, sous plus d'un rapport, des exercices gradués d'après le principe de *l'analogie*, principe en toute chose si fécond en résultats, je leur soumets

les quatre séries de lettres que l'étude des formes et des mouvements aide à établir :

coaggde mnravyp hfll iiujskz

aggde mnravyp hfll iiujskz

Le *k* se trouve dans la 4° série, d'abord parce qu'il est difficile à
exécuter, ensuite parce que cette lettre est peu employée.

On complétera, de la manière la plus avantageuse, cette espèce
d'analyse des lettres, cette étude réfléchie des formes : 1° en
demandant de temps en temps, aux élèves déjà avancés, surtout
pour composition, d'indiquer sur les lettres isolées et sur les majuscules (exécutées dans l'ordre analogique ou bien dans l'ordre
alphabétique), par les chiffres 1, 2, 3, 4, 5, etc., tous les défauts
qu'ils reconnaissent à chaque caractère ; 2° en leur faisant faire,
sur chaque lettre même, les corrections nécessaires, ou indiquer,
par *un* ou *deux mots*, le défaut principal remarqué dans chacune
des lettres des deux alphabets.

Pour cette double correction, il convient que les élèves aient un
modèle sous les yeux, afin que le travail de comparaison se fasse
avec le plus de profit possible.

Rien ne porte encore les élèves à l'observation attentive et réfléchie, comme une de ces notes placées, de temps en temps, sur
leurs cahiers ou sur leurs pages de composition : écriture trop
lourde ou trop maigre, trop droite ou trop penchée, trop large ou
trop serrée ; forme trop ronde ou trop ovale ; lettres non liées ou
inégales ; boucles trop petites ; queues de lettres trop courtes ; liaisons mal disposées ; mots trop rapprochés ou trop écartés ; ponctuation mal observée.

Il est aussi très utile qu'une fois par semaine le maître, après
avoir surveillé attentivement toutes les pages, signale, *à haute voix*,
au moins à chacun des élèves des classes avancées, les défauts ou
les qualités de leur écriture ; mais, comme les enfants sont bien
plus sensibles à l'encouragement qu'au reproche, il convient que le
maître soit toujours plutôt disposé à encourager qu'à blâmer.

Tout effort, toute preuve de bonne volonté de leur part, demande
un certain témoignage de satisfaction, surtout chez les élèves
paresseux ou *indifférents* : rien n'excite chez eux l'émulation comme
une bonne parole, une marque de contentement.

On a vu des enfants ne faisant absolument rien, — il s'en trouve dans toutes les écoles, — chez qui très peu de chose, un mot bienveillant, un regard affectueux, une meilleure place, n'ont pas seulement inspiré soudainement les meilleures résolutions, mais encore révélé souvent des dispositions qu'on était loin de leur supposer.

Les leçons d'écriture données et pratiquées dans les écoles primaires, d'après cette *marche* et ces *procédés*, devront non-seulement former de bons élèves, mais encore, ce qui est précieux, préparer d'intelligents moniteurs pour diriger judicieusement les commençants, et peut-être d'habiles maîtres d'écriture possédant bien et la forme graphique et l'art d'enseigner.

QUESTION.

Faut-il appliquer les élèves sur chaque lettre jusqu'à ce qu'ils la fassent bien?

RÉPONSE.

Pour chacune des branches de l'instruction élémentaire, il convient de suivre une marche, calculée non-seulement d'après la *nature de difficulté* de la chose enseignée, mais encore d'après la *facilité de conception ou d'exécution* des élèves qu'on veut instruire. On doit, par suite, procéder pour l'écriture un peu autrement que pour la lecture, le calcul, etc., au moins sous le rapport des éléments.

Il est possible à un jeune enfant de prononcer *facilement*, et même *bien*, telle ou telle lettre; mais il ne saurait l'exécuter de la même manière. Et comment le pourrait-il, puisque la main droite chez lui a encore moins d'assurance pour ce travail que la main gauche chez l'homme fait?

D'un autre côté, si l'écriture ne commence généralement à devenir un peu correcte et ferme que chez les élèves de 10 à 12 ans, comment un enfant de 6 à 7 ans pourrait-il, dès les premières leçons, tracer des lettres sans défaut aucun, avantage qui n'est même pas assuré à tous les maîtres?

Il ne convient donc pas de retenir les enfants sur chaque lettre jusqu'à ce qu'ils la fassent bien. L'expérience prouve, en effet, qu'il n'est jamais avantageux d'appliquer longtemps les jeunes élèves sur une même leçon; tout exercice trop répété les fatigue, les ennuie, les décourage. Dès qu'un élève sait exécuter *assez facile-*

ment et seulement assez bien la première lettre d'une série, il faut se hâter de le faire passer successivement, et au plus tôt, aux autres lettres, ayant soin, toutefois, de revenir à chaque leçon sur les premières lettres déjà vues et étudiées.

On doit procéder pour les diverses séries de lettres comme pour les caractères de la première série. En effet, quels progrès pourrait faire un enfant en écriture si, en étudiant les dernières séries, on lui laissait négliger les premières, quand sa main a si besoin, dans le principe, d'exécuter successivement et souvent les diverses formes de lettres, afin de se rendre familier chacun des quatre mouvements qu'elles exigent? Dailleurs ne sait-on pas qu'une écriture ne peut être ni correcte ni agréable qu'autant qu'elle est formée entièrement de bonnes et belles lettres?

En faisant ainsi revenir les élèves, à chaque leçon, sur ce qu'ils ont vu, ou au moins sur le resumé, il n'est pas nécessaire, surtout quand les exercices sont bien gradués, d'appliquer longtemps les élèves sur un élément ou sur une lettre ; on peut alors, sans inconvénient, aller un peu plus vite, et leur offrir par là, chaque jour, un travail varié et nouveau; les intéresser tous, par conséquent, en même temps qu'on leur fait acquérir rapidement *l'intelligence* et la *mémoire* des formes, ainsi que *l'habitude* de l'exécution des divers caractères.

Les cahiers préparés, mais seulement ceux d'après le *calque*, offrent cette variété, cette répétition d'exercices si propres à stimuler les élèves et à assurer le succès des leçons du maître.

SIXIÈME CONFÉRENCE.

—

De la nécessité de plumes bien appropriées aux commençants.

Bien proportionner le travail aux dispositions des enfants, c'est assurément la chose la plus importante; toutefois, cela ne suffit pas en écriture : il faut encore que les objets qu'on leur remet entre les mains pour exécuter ce qui leur est demandé, secondent leurs efforts, en rendant la tâche facile et les succès certains. Aussi, malgré la bonté de la méthode suivie, la gradation des exercices, la sûreté des procédés employés, on peut encore n'obtenir que de faibles résultats en *Calligraphie*, si tout ce qui concourt à l'exécution, — le papier et l'encre aussi bien que les plumes, — n'est pas convenable, et surtout bien approprié aux jeunes élèves. Ce n'est souvent que parce que certains instituteurs n'attachent pas assez d'importance à ces points essentiels, que leurs soins ne sont pas couronnés d'un plein succès.

L'élève qui travaille, par exemple, d'après un modèle à imiter peut en tenir le plein un peu moins fort, sans que pour cela son écriture présente rien de désagréable à l'œil; mais il n'en est pas de même s'il repasse sur un exercice en couleur : si l'encre ne couvre pas d'une manière convenable l'écriture, on remarque souvent à chaque côté des pleins noirs une *teinte différente* qui produit un assez mauvais effet.

Il convient donc que la plume favorise la bonne exécution des exercices destinés à être repassés à l'encre; alors, si l'élève ne réussit pas parfois, un défaut peut néanmoins avoir un résultat heureux. Chaque plein qui ne sera pas entièrement recouvert, attirera son attention et pourra provoquer de sa part des réflexions utiles : il l'accusera de mal tenir sa main ou sa plume. Ce sera comme un maître placé à ses côtés, qui lui dira toujours en temps opportun : « Ceci n'est pas bien; cela est mal; ne laissez pas tomber la main en dehors, ou tenez mieux la plume sur les deux parties du bec. »

Tout maître observateur sait que, faute d'un bon crayon, c'est-à-dire ni trop dur ni trop tendre, l'enfant ne retire pas tout le profit possible de l'exercice sur l'ardoise. Ne doit-il pas en être de même de l'exécution sur le papier, si la plume dont se servent les commençants n'est pas convenable pour les premières leçons, toujours les plus importantes, puisque c'est quand on les prend que l'on contracte les bonnes ou mauvaises habitudes?

Il importe donc que les Instituteurs sachent comment il convient de tailler les plumes, s'ils se servent de plumes naturelles, ou de les choisir, s'ils font usage de plumes métalliques. Inutile de dire que les modèles d'aucune méthode n'exigent l'emploi des unes plutôt que celui des autres.

Le travail de l'enfant qui commence à écrire doit être simple, mis à sa portée; il faut par conséquent éviter avec soin que son esprit soit occupé du *plein* en même temps que de la *forme* des lettres : autrement c'est un travail évidemment au-dessus des forces d'un commençant.

Il faut, de plus, assurer au plus tôt aux élèves deux conditions qui leur manquent généralement : l'*assurance* et la *souplesse*.

Or, pour faire acquérir à la main du commençant à la fois la fermeté et la légèreté qui lui sont si nécessaires pour l'exactitude des mouvements et la reproduction facile des formes, il est indispensable que la *plume*, — qui peut être une plume d'oie ou de métal, — *soit forte; que la largeur du bec égale à peu près l'épaisseur des jambages et du plein des lettres des premiers exercices, qu'il soit peu fendu, coupé carrément et de même force des deux côtés.*

Pour la fine écriture, le bec de la plume doit aussi toujours égaler le plein des lettres.

Avec une telle plume, la main, non-seulement des jeunes élèves, mais encore des adultes, est mieux soutenue, les mouvements en sont plus assurés, et les pleins s'obtiennent naturellement sans pression ni grand effort. L'esprit n'étant plus alors, pour ainsi dire, occupé du plein, peut saisir plus vite et plus facilement la forme des lettres, et les élèves peuvent faire par conséquent des progrès plus rapides. Ce n'est d'ailleurs qu'avec une plume large du bec qu'il est possible de préparer et d'obtenir une *bonne cursive, également nourrie et bien lisible*, et non avec une plume très fine ou coupée obliquement, puisque avec l'une et l'autre il faut appuyer pour produire les pleins, ce qui est tout à fait contraire à l'*expédiée*. La plume fine ou à bec de forme oblique, taille conseillée néanmoins par les calligraphes, a, en outre, l'inconvénient, si c'est une plume naturelle, de s'user promptement, et de mettre l'Instituteur, qui en fait usage, dans le cas de retoucher les plumes pendant les leçons, ce qui est pénible pour lui, nuisible à la discipline et aux progrès des élèves.

Au moyen d'une plume dont la largeur du bec égale à peu près les trois quarts d'un millimètre (c'est la largeur qui convient pour la moyenne écriture par laquelle on doit débuter), les commençants feront d'abord des liaisons grosses, mais qui deviendront plus fines à mesure que la main acquerra la facilité d'exécuter avec *légèreté* et *vitesse*, dispositions que développent assez promptement dans des exercices bien gradués, une plume convenable, ainsi qu'une bonne manière de se tenir et de travailler.

Certains maîtres repoussent les plumes larges, même pour les premiers exercices, par la seule raison qu'on ne peut faire les liaisons aussi fines qu'elles le sont sur le modèle; mais ils oublient que la chose n'est pas non plus possible aux jeunes élèves, surtout dans le principe, avec des plumes fines quelconques. La pratique prouve, au contraire, qu'avec de telles plumes, qui s'émoussent ou se détériorent toujours très vite, ils font les liaisons non-seulement grosses, mais encore fort inégales; ce qui est d'un plus mauvais effet encore pour l'œil.

De plus, les plumes métalliques surtout, si elles sont fines ou trop tendres, se cassent facilement ou sont bientôt mises hors de service ; autre inconvénient bien plus grand que celui de fortes liaisons.

Mais soit paresse, soit indifférence, nous sommes plus enclins à imiter qu'à observer, et par conséquent plus disposés à trouver bon ce qui nous est connu ou familier, que ce qui est contraire à nos habitudes ou à notre manière de voir. Voilà le plus souvent la seule raison pour laquelle on doute de la bonté d'une chose nouvelle, alors même que la pratique et l'expérience doivent en démontrer bientôt l'utilité et les avantages.

On a toujours tort, sans doute, d'abandonner légèrement une méthode qui fait obtenir des résultats; mais on n'a certainement pas toujours raison de rejeter un procédé par le seul motif qu'il est nouveau.

Pendant longtemps on a fait écrire en gros, même les tout jeunes enfants; et cependant il n'est pas un instituteur, parmi tous ceux qui ont dérogé *à la méthode des anciens maîtres d'écriture*, qui ne se trouve mieux maintenant de faire commencer ses élèves par le caractère moyen d'environ cinq millimètres, et de descendre ensuite graduellement jusqu'à l'écriture courante, la seule propre aux devoirs et aux dictées.

D'après cette marche nouvelle, l'enfant met peu de temps à apprendre à écrire; tandis que d'après l'ancienne, il en mettait beaucoup, et il ne réussissait même pas toujours. Il ne pouvait en être autrement ; car débuter par la grosse écriture, ce n'est pas seulement prendre la route la plus longue à parcourir, mais encore la plus difficile à suivre.

Pendant longtemps encore, et toujours par suite de la répugnance à la nouveauté et de l'entraînement des habitudes, les Instituteurs ont repoussé les plumes métalliques ; et cependant elles sont à présent à peu près les seules employées dans les écoles.

Les plumes larges, déjà préférées par bon nombre de maîtres qui en font usage pour les premières leçons de cursive, seront certainement appréciées aussi de tous ceux qui les essayeront.

Tout n'est cependant pas fait quand on a mis une plume convenable entre les mains d'un enfant ; il est nécessaire encore de le diriger, en vue de surmonter sûrement les difficultés à vaincre et d'atteindre au plus tôt le but vers lequel on doit tendre.

Pour cela, il faut, dans le commencement, n'attacher d'importance qu'à l'exécution des caractères ; ne point détourner l'attention des élèves du corps des lettres, en indiquant les proportions mesurées des boucles et des queues, et encore ne point exiger qu'ils les observent rigoureusement, surtout s'ils écrivent, d'après un modèle détaché, sur des cahiers ordinaires. En posant de telles bornes, on comprime le libre mouvement de la main ; et l'enfant, l'adulte même, n'obtient qu'un tracé tremblé et conséquemment irrégulier, surtout avec une plume fine.

Les plumes larges se recommandent donc en ce qu'elles favorisent à la fois l'exécution et la forme ; mais leur emploi pour la cursive produit encore un autre résultat qui doit les faire préférer. En effet, ces plumes ne concourent pas seulement à assurer une belle et bonne cursive, une expédiée lisible et rapide : elles disposent encore on ne peut plus avantageusement la main des élèves à bien exécuter, plus tard, les autres genres d'écriture ; avantage d'autant plus précieux que, presque dans toutes les écoles, les élèves de la classe avancée sont aujourd'hui exercés, sinon à la *Bâtarde*, du moins à la *Ronde* et à la *Gothique*.

QUESTION.

Pourquoi commencer l'écriture par l'étude des lettres à courbes plutôt que par les lettres droites?

RÉPONSE.

Il n'est pas de méthode dont il ne soit possible d'obtenir des résultats ; seulement les unes réclament plus d'efforts et plus de temps que les autres ; mais un maître zélé sait tirer parti de toute méthode, comme de tout procédé, de tout instrument : il suffit pour cela qu'il possède la connaissance approfondie de la chose enseignée, et qu'il sache quelles dispositions cette chose exige d'un commençant, afin de pouvoir les faire naître ou les développer chez ses élèves. Or, tout instituteur peut posséder cette double notion : car si l'une s'acquiert facilement par l'étude réfléchie, l'autre s'acquiert sûrement par l'observation attentive.

Plus que jamais on étudie les méthodes, on médite sur les procédés ; mais on n'observe peut-être pas assez, et comme il conviendrait, les enfants, surtout les jeunes enfants. Cependant, cette étude, en complétant heureusement les autres études ayant pour but la *science pédagogique*, apprendrait mieux encore à tout maître à reconnaître les bonnes méthodes : car une *marche* fondée sur la nature et bien appropriée aux tendances des enfants, rend nécessairement une méthode plus avantageuse pour l'enseignement que toute autre qui ne réunit pas ces qualités essentielles. Aussi, convient-il d'entrer dans quelques développements sur la question posée, surtout parce qu'elle est une question *principale*, *fondamentale*, de méthode ; et des plus propres, si chacun veut bien l'étudier convenablement, à contribuer aussi au perfectionnement de l'enseignement de l'écriture. Rien, en effet, ne peut assurer des progrès rapides et durables, dans une classe, comme une méthode d'écriture dont les principes et les procédés sont aisés à démontrer pour le maître, et dont les exercices sont faciles à suivre pour les élèves.

On me demande pourquoi on doit commencer par les lettres à courbes plutôt que par les lettres droites ; je répondrai :

1° Parce que l'enfant produit plus facilement, et de préférence, des *lignes courbes* que des *lignes droites*, telles que l'*i* ; et la preuve, c'est que l'élève fait, en commençant par ces dernières, et souvent pendant plusieurs mois, l'*i* et l'*u*, courbes du haut ;

2° Parce que la pratique des courbes combat avec plus de succès la disposition, si grande chez l'enfant, à appuyer sur le crayon ou sur la plume ; et qu'elle peut seule, en outre, disposer la main à exécuter facilement et convenablement les parties courbes des lettres *i, m,* etc.;

3° Parce que le *C* peut seul, par sa tête, indiquer clairement à l'enfant le point où les liaisons doivent être remontées ; et, par là, faciliter et assurer aux commençants *l'égalité* entre leurs lettres, lorsqu'ils exécuteront des groupes ou des mots, ainsi que la *régularité* de leur écriture, même quand ils écrivent entre deux lignes ;

4° Parce que s'il est *naturel* et *très avantageux* d'exercer les élèves à lier graduellement les lettres de *même forme* ou *s'exécutant par les mêmes mouvements*, aussitôt après qu'ils ont exécuté isolément celles d'une même série, il faut cependant que le travail relatif à cet exercice soit également *facile*, à la portée de l'enfant, attendu que sa main tremblante ne saurait encore tracer *en une fois*, après quelques leçons, sans en déformer les caractères, d'autres groupes que ceux qui sont formés des lettres à courbes (ces derniers seuls exigent, et, par là, permettent, sans qu'il en résulte d'inconvénient, une *interruption dans leur tracé*);

5° Parce qu'en ne faisant exécuter les lettres *t, i, u, j,* qu'en dernier, on obtient deux résultats avantageux : on gagne le temps que l'enfant mettrait, au début, à étudier et à faire ces lettres, puisqu'elles ne sont autre chose que la 2° partie des lettres *a, d, g,* qu'il connaît ; et il les trace mieux après avoir formé celles-ci au moyen d'un *C* dont la liaison, qui passe par la tête de cette lettre, est un *guide sûr* pour la réussite de la 2° partie qui se fait en redescendant sur cette liaison ;

6° Enfin, parce qu'en débutant par les lettres *t, i, u, j,* ou par toutes celles qui ne sont pas courbes, on ne peut faire des assemblages ayant un *sens.* En commençant par les lettres de forme ovalaire, on peut tout de suite, au contraire, si l'on éprouve la nécessité de varier le travail de l'enfant avant que sa main soit suffisamment façonnée à ces caractères, lui faire écrire des mots composés de lettres de cette série, tels que *cage, âge, gage, coq,* etc.: applications faciles, et propres, en lui apprenant le but des figures qu'il trace, à l'intéresser, à lui faire aimer l'étude, et, par suite, à hâter ses progrès. C'est ce triple résultat que doivent avoir pour but les exercices élémentaires de toute méthode logique et rationnelle, ainsi que les leçons du maître : car rien ne stimule les jeunes élèves comme la joie que leur causent leurs premiers succès.

SEPTIÈME CONFÉRENCE.

—

De la gradation des modèles.

Pour toute espèce d'enseignement, la meilleure méthode qui n'existerait qu'en théorie ou dans l'imagination d'un maître, serait pour celui-ci d'un faible secours : comment, en effet, lui serait-il possible d'en faire l'application avec facilité et succès, sans des moyens capables de parler aux yeux des élèves en même temps qu'à leur esprit?

Les modèles sont donc une partie très importante d'un cours d'écriture : bien gradués, ils constituent, pour les écoles primaires, une méthode pratique, plus propre à faciliter l'enseignement au maître et à favoriser les progrès des élèves, que toutes les méthodes purement théoriques.

Tout maître expérimenté sait que la pratique seule fait prendre des habitudes; que des conseils, même fréquemment répétés, ne suffisent pas ; que c'est par des exercices préparatoires, bien gradués, qu'on parvient à commmuniquer à l'œil de la justesse, à la main de l'assurance, aux doigts de la souplesse, et à donner aux élèves une écriture liée et légère, facile et égale.

Il sait encore que ce n'est pas seulement par des recommandations réitérées à chaque leçon, mais bien plutôt par un exercice spécial de mots s'exécutant tous en une fois, que l'on combat et corrige le défaut d'une écriture décousue, ainsi que celui d'arrêter, de lever la plume au milieu d'un mot pour mettre soit un point ou un accent, soit une cédille ou une barre.

Chose surprenante! D'habiles professeurs de calligraphie ne savent pas prévenir ces défauts chez leurs élèves. Et cependant, est-il quelque chose de plus opposé à tout bon principe ; quelque chose de plus contraire à la rapidité de l'écriture, et de plus préjudiciable à la bonté de l'exécution, que cette habitude, acceptée par trop de maîtres, d'exécuter la plupart des lettres en deux fois, ainsi que de s'arrêter jusqu'à *trois*, *quatre* et *cinq* fois pour tracer des mots tels que ceux-ci : *été*, *vérité*, *sévérité*, tous cependant exécutables en une seule fois?

Pour qu'une méthode d'écriture réunisse toutes les conditions désirables, plusieurs choses sont donc à considérer :

1° L'étude graduelle des éléments ;

2° L'exécution des lettres dans un ordre méthodique ;

3° La succession raisonnée des modèles.

Des éléments. — En toute chose, il est nécessaire de commencer par les éléments. Comment le maître pourra-t-il, sans cela, faire comprendre plus tard aux élèves tel ou tel défaut dans une lettre ? Comment pourra-t-il les reprendre à propos s'ils ignorent les principes qui ont rapport à l'exécution et à la forme des caractères ?

Néanmoins, il n'est pas indispensable que tous les éléments nécessaires à la formation des lettres se trouvent à la fois sur un premier cahier préparé ou sur un premier modèle détaché, ainsi que cela existe d'après presque toutes les méthodes.

Il n'est pas avantageux non plus que les élèves tracent successivement les divers caractères représentant ces éléments, généralement si nombreux ; car l'étude en est *aride* et *ennuyeuse*. De plus, vu le peu d'attention que les élèves apportent à l'exécution de ces caractères isolés dont ils ne peuvent comprendre ni le but ni l'utilité, cette étude absorbe souvent un temps plus long que n'en exige la formation de toutes les lettres de l'alphabet. Il est bien plus rationnel que les éléments précèdent seulement les figures qui en sont formées. Ce principe n'est-il pas d'ailleurs observé pour les autres branches d'instruction ?

Des lettres. — Il n'est pas logique de présenter à l'imitation des enfants les lettres dans l'ordre du dictionnaire ; car la lettre *a*, par laquelle on débute dans ce cas, n'est ni la plus simple ni la plus facile. Faire commencer par cette lettre, ainsi qu'on en a l'habitude dans certaines écoles, c'est agir contrairement au précepte en vertu duquel on doit procéder du *facile* au *difficile*, du *simple* au *composé*.

D'un autre côté, passer immédiatement de l'*a* au *b*, qui en diffère pour la forme et pour l'exécution, n'est-ce pas encore méconnaître les principes les plus simples relativement à l'ordre et à l'arrangement des matières ?

Les vingt-cinq lettres, examinées sous le rapport de l'analogie des formes et des divers mouvements par lesquels elles s'exécutent, présentent, au moins clairvoyant, plusieurs caractères d'une grande ressemblance. Il convient donc de rapprocher ces caractères, puisque ce n'est qu'en répétant souvent et de suite une même forme, un même mouvement, qu'on parvient à se les rendre faciles.

4

Toutefois, pour que la *formation de l'alphabet* ou la *dérivation des lettres* soit plus claire, plus saisissable pour l'esprit, mieux mise par conséquent à la portée des enfants, il ne suffit pas de classer les lettres dans l'ordre analogique : il faut encore, afin d'aider la mémoire et d'éviter la confusion, en former plusieurs séries distinctes. Le travail de l'élève est, de cette manière seulement, rendu facile. En effet, la forme des caractères est ainsi rattachée à *une lettre, première et radicale,* de laquelle peuvent être formées, par de très légères modifications, toutes les lettres d'une même série, sans que l'élève soit tenu d'imiter son modèle lettre à lettre : travail obligé d'après toute autre classification, et dans lequel l'enfant peut oublier une forme primitive, en étudiant une forme nouvelle dont parfois il ne se souviendra pas mieux.

Il est à remarquer, en effet, que peu de personnes, même parmi celles qui ont aimé l'écriture dans leur jeune âge, se rappellent l'ordre dans lequel on leur a fait exécuter les premiers exercices et les lettres, ainsi que les procédés employés pour en faciliter l'intelligence : ce qui prouve évidemment que les moyens de démonstration de la plupart des méthodes publiées et suivies jusqu'ici n'ont pas la puissance de bien fixer l'attention ; et que la marche suivie dans l'enseignement de l'écriture n'a pas eu non plus le mérite d'exercer la mémoire et le jugement de l'enfant.

L'expérience et la pratique, qui font loi en matière d'enseignement, ont prouvé que les élèves comprennent et retiennent aisément le classement des lettres indiqué dans notre 5e conférence ; qu'il suffit de leur dire : « Faites les lettres qui sont formées du *c*, de l'*m*, etc., » pour qu'à l'instant ils les reproduisent ; avantage qu'on appréciera en considérant combien le concours de quelques élèves avancés peut être utile au maître.

Des modèles. — La disposition des éléments et le classement logique des lettres et des séries de lettres, sont assurément très propres à faciliter la tâche du maître et celle des élèves. Cette première condition de succès ne suffit pas cependant ; l'enseignement collectif en réclame une seconde : il faut encore dans les cahiers préparés et dans les modèles de principes et dans les modèles d'application, une gradation qui puisse hâter les progrès des jeunes élèves, et assurer ceux des élèves avancés.

Afin que les difficultés soient offertes une à une à l'attention des élèves, il convient qu'un modèle de principes ne présente que les lettres d'une seule série, d'abord isolées, ensuite seulement assemblées graduellement. Toutefois, comme les élèves doivent passer à une nouvelle série de lettres avant même qu'ils sachent bien exécuter les lettres de la série dont ils s'occupent, chaque modèle, comme chaque cahier préparé, doit toujours contenir en tête, sur la première ligne, le résumé des leçons précédentes.

Quant aux modèles d'application, voici une gradation qui peut incontestablement rendre l'enseignement de l'écriture plus facile et plus sûr.

Un texte quelconque contient rarement toutes les lettres ; il importe cependant que les enfants les voient et les exécutent souvent, surtout les majuscules, dont l'esprit se rappelle toujours difficilement les formes. Aussi, les premiers modèles, destinés aux élèves des classes moyennes, doivent-ils contenir, les uns l'alphabet de minuscules et les chiffres, et les autres celui des majuscules.

Plusieurs des exemples consacrés aux élèves avancés doivent aussi comprendre les majuscules.

Par là, on rencontrera rarement un élève hésitant sur la forme de ces lettres, ou les faisant mal ; ce qui n'est pas rare aujourd'hui.

Un autre avantage de faire exécuter les lettres, minuscules et majuscules, dans l'ordre alphabétique, c'est qu'on facilite ainsi aux élèves la recherche des mots dans le dictionnaire.

Des lignes grises représentant le tracé au crayon sur les cahiers des élèves, doivent se trouver sur tous les modèles, à l'exception de ceux d'*expédiée*. Ces lignes, surtout celles qui figurent sur les premiers modèles, font apercevoir successivement aux élèves une foule de choses se rapportant aux éléments, à l'exécution et à la forme des lettres, et, par suite, au perfectionnement de l'écriture.

Des notes spéciales, concernant soit l'exécution soit la forme, sont aussi utilement placées au haut et au bas des pages des cahiers préparés et sur les modèles mêmes, non-seulement pour les moniteurs et les élèves qui savent lire, mais encore pour le maître.

La Ronde, la Gothique et la Bâtarde s'exécutant au moyen d'une plume dont le bec égale en largeur l'épaisseur du plein, il convient qu'un dessin de plume indiquant aux élèves la force du bec, pour chaque grosseur d'écriture, se trouve aussi sur les modèles.

Déterminer la forme des lettres par des règles entièrement mathématiques, c'est évidemment restreindre l'enseignement de l'écriture à un petit nombre d'individus, et détourner l'attention de l'élève de l'objet principal, qui est le mécanisme de la main. La première partie de la collection des modèles doit donc être toute pratique, et n'avoir pour but, ainsi que les cahiers préparés d'exercices, que de mettre les commençants en état d'écrire en peu de temps. La seconde partie, comprenant des modèles pour les diverses grosseurs, peut seule être théorique : destinée à compléter le premier enseignement, elle doit, par des indications mises sur les exemples, initier graduellement les élèves avancés aux principes relatifs à la pente, à la largeur des lettres, à leurs distances entre elles ; en un mot, à tout ce qui peut assurer une exécution intelligente, une belle et bonne cursive.

Une méthode appropriée à l'enseignement collectif ne doit pas présenter les modèles cousus ensemble, comme le sont les pages d'un livre ; de plus, ces modèles doivent avoir la forme et la grandeur des cahiers des élèves, et être disposés de manière à ce que le maître puisse, à son choix, les employer dans une position verticale ou horizontale, c'est-à dire les suspendre ou les placer sur la table.

Pour faciliter dans les écoles la distribution et le recueillement des modèles, il importe que ces modèles soient divisés par classes, et que chacun porte en tête l'indication, en lettres ou en chiffres, de la classe à laquelle il est destiné.

De cette manière, ce qu'on doit étudier dans chaque classe est déterminé, connu : c'est pour le maître une indication utile, et pour les élèves un moyen d'émulation.

QUESTION.

En combien de temps peut-on enseigner à écrire à un enfant ?

RÉPONSE.

De ce que certains ouvrages de calligraphie sont publiés sous l'un de ces titres : *l'Écriture en 25 leçons; Cours d'écriture en 20 leçons,* il ne faut pas conclure qu'il soit possible d'enseigner à écrire, surtout à de jeunes enfants, en si peu de temps. Ces titres veulent tout simplement dire que la méthode comprend 25 planches, ou que les difficultés y sont présentées dans 20 exercices.

La plupart des méthodes de lecture sont annoncées d'une manière à peu près semblable : celle-ci en 20 tableaux, celle-là en 10 seulement. Cependant chacun sait fort bien que ce n'est ni en 10 leçons, ni même en 20, qu'en général un enfant, même intelligent, peut apprendre à lire. Combien de temps ne faut-il pas souvent pour graver dans l'esprit des jeunes élèves les premières notions de la lecture, c'est-à-dire rien que le *nom* et la *forme* des vingt-cinq lettres !

Doit-il falloir moins de temps pour préparer la main des commençants à l'exécution et à la forme des divers caractères ?

Les professeurs dont la spécialité est de faire des cours d'écriture, les professeurs ambulants surtout, ont peut-être senti la nécessité d'en indiquer la durée; et l'on comprend dès lors que certains d'entre eux aient été jusqu'à promettre une *belle* et *bonne cursive* en quelques heures. Mais si quelques-uns de leurs élèves réussissent à améliorer ou à réformer leur écriture dans le temps fixé, combien d'autres sont obligés de recommencer un second, un troisième cours, et le plus souvent sans obtenir le résultat promis et désiré! Où donc est *le secret unique*, *le procédé infaillible?* Cependant les élèves de ces cours ne sont plus des enfants : ce sont des adultes, des personnes de tout âge, dont la main est souvent exercée depuis des années; de plus, animés du désir de bien écrire, et apportant, par suite, aux leçons du professeur et à leur propre travail, toute la bonne volonté dont ils sont capables.

Il est aisé d'annoncer des cours en peu de leçons; mais il n'est pas aussi facile de leur faire produire les résultats garantis. Pour cela, il faut que le professeur sache plus que *dessiner plus ou moins bien une lettre :* avec ce seul talent on n'est pas maître d'écriture; on n'est que calligraphe, et rarement on est capable d'enseigner méthodiquement. On sait qu'il ne suffit pas qu'une personne sache bien lire pour qu'elle puisse enseigner à d'autres, surtout à des enfants, *l'art de bien lire.*

En réfléchissant seulement un peu *sur la rareté des belles et bonnes écritures*, on reconnaîtrait facilement que tous ne naissent pas avec d'égales dispositions pour la calligraphie, et, par suite, qu'il n'est pas donné à tout le monde d'écrire dans la perfection. On peut bien, par le secours de moyens mécaniques, donner aux écritures une *physionomie empruntée, artificielle;* mais ce résultat du moment, qu'on admire souvent avec raison, se perd ordinairement pour tous les élèves, dès que la main a retrouvé sa liberté et son allure habituelle. Il doit en être ainsi : car, en examinant les exercices et les procédés de ces professeurs ambulants, on y reconnaît rarement les éléments d'une méthode raisonnée. Et sans méthode, quel bien est-il possible de faire à la main rebelle d'un adulte et à la main délicate d'un enfant?

Une bonne méthode, appliquée par un maître habile, peut bien communiquer à une main ingrate plus de souplesse et de facilité, aux mouvements plus de hardiesse et de rapidité; mais elle ne saurait lui donner tout ce que la *nature* lui a refusé.

Il n'est donc possible à aucun maître d'enseigner à bien écrire aux élèves qui ne sont pas organisés pour bien écrire; et les cours, comme les écoles, ne manquent pas de tels élèves. C'est donc une sorte de charlatanisme que d'assurer des résultats à tout le monde, à jour et à heure fixes : c'est aussi presque de la sottise que de croire à toutes ces pompeuses promesses.

Quant à enseigner à écrire en peu de temps, la chose est heureusement plus facile et même au pouvoir de tout maître.

Toutefois, il n'est jamais permis à un professeur consciencieux de déterminer en combien de leçons tel enfant saura ceci, tel autre cela : car les élèves n'étant pas doués tous de la même intelligence et de la même adresse, il faut aux uns un peu plus de temps pour apprendre à écrire, aux autres un peu moins, en tenant compte aussi de l'application et de la bonne volonté.

Il n'y a pas encore bien longtemps que les élèves mettaient plusieurs années pour écrire passablement ; beaucoup même quittaient les écoles sachant seulement tracer, imparfaitement et péniblement, quelques lettres dans les grandes dimensions. Il n'en est plus ainsi aujourd'hui : partout les enfants apprennent à écrire mieux et plus vite. On voit, dans certaines classes, des enfants de 5 à 6 ans écrire déjà de mémoire les phrases de leur cahier préparé, même sous la dictée, et d'autres copier facilement du *texte imprimé*, et sans que leur écriture en souffre. Mais ce sont là des exceptions qui ne peuvent déterminer le temps nécessaire pour apprendre à écrire.

L'expérience prouve, néanmoins, qu'en faisant commencer les enfants par la moyenne écriture, et surtout en leur faisant exécuter les lettres et les séries de lettres dans l'ordre analogique, un élève peut déjà après un ou deux mois, s'il est bien dirigé, savoir tracer tous les caractères avec aisance et sûreté, même copier des mots composés de toutes sortes de lettres. Les cahiers préparés où l'imitation est associée de bonne heure au calque, favorisent plus particulièrement ce résultat.

Mais personne ne doit oublier que les progrès en écriture ne peuvent être aussi rapides, surtout dans une classe nombreuse, que dans l'enseignement particulier ou individuel. Les mêmes résultats dans les écoles exigent ordinairement plus de temps et encore plus de soins de la part du maître.

Toute école donc où les élèves, en général, savent, à l'âge de 6, 7 ou 8 ans, assez bien écrire pour commencer de petits devoirs, se recommande pour le choix de la méthode suivie, et pour la manière dont celle-ci est appliquée par l'instituteur.

HUITIÈME CONFÉRENCE.

—

Des divers genres d'écriture.

Il importe en toute chose de bien débuter, c'est-à-dire de commencer par ce qui est le plus facile et le plus utile, et de suivre en outre, dans les leçons, un ordre logique et progressif. Ainsi, l'Instituteur qui a à faire choix d'une méthode d'écriture, et quiconque veut en créer une, ne doivent pas seulement s'adresser cette question : *Quelle est la meilleure écriture, celle qu'il faut adopter de préférence ?* et s'arrêter à cette réponse : *C'est la plus prompte à tracer et la plus facile à lire.* Il est encore nécessaire que l'un et l'autre cherchent à résoudre cette autre question : *Dans quel ordre convient-il de présenter et de faire exécuter aux élèves les divers genres d'écriture ?* Car une gradation sagement calculée dans les exercices calligraphiques peut seule faciliter le travail des élèves.

Une amélioration très sensible s'est opérée dans l'enseignement de l'écriture depuis une trentaine d'années. Alors, la *Bâtarde* et la *Coulée* étaient à peu près les seules écritures enseignées au plus grand nombre : certains maîtres ne montraient que la Bâtarde avec ses lenteurs; d'autres ne faisaient voir que la Coulée avec son illisibilité; quelques-uns seulement démontraient la Cursive à leurs élèves. Aussi, quelle diversité se remarquait dans les écritures, même dans celles des élèves d'un même canton et souvent de la même ville !

On a successivement renoncé à enseigner la Coulée et à débuter par la Bâtarde, pendant trop longtemps écritures de prédilection des anciens maîtres, pour se mettre à la *Cursive*, aujourd'hui généralement enseignée la première dans toutes les écoles. C'est là un progrès véritable, un progrès immense, dû en grande partie aux écoles normales où les élèves-maîtres, sous la direction de directeurs et de professeurs éclairés, ont appris avant tout à apprécier et à pratiquer l'écriture cursive, comme la plus facile et la plus avantageuse sous tous les rapports.

Mais d'où vient que, bien que la Cursive serve à présent de base

à l'enseignement de la calligraphie, les écritures laissent encore
tant à désirer sous le rapport de l'*uniformité*, même dans les écoles
dirigées par des maîtres non moins habiles que dévoués, non moins
désireux d'avancer leurs élèves que de bien remplir leur tâche?
D'où vient qu'il n'est pas rare, au dire de MM. les Inspecteurs
primaires, de trouver dans certaines classes autant de sortes d'écriture qu'elles comptent d'élèves qui écrivent, quand ces élèves sont
cependant tous dirigés d'après les mêmes principes, les mêmes
procédés, et que tous reçoivent les soins et les conseils du même
maître?

Cette question, que se font plus particulièrement les autorités
qui surveillent l'instruction primaire, attend encore sinon une réponse, du moins une solution qui éclaire sur les causes de cet état
de choses, à la fois si décourageant pour les maîtres et si contraire
à la réalisation des vœux manifestés, de toutes parts, de voir notre
pays en possession d'une *écriture nationale* (1).

Le peu d'uniformité qui existe encore dans les écritures provient :
1º de ce que presque toutes les méthodes en usage sont, sous le
rapport du plan, plutôt appropriées à l'enseignement particulier
qu'à l'enseignement collectif, la plupart se ressentant du mode
individuel généralement pratiqué autrefois; 2º de ce que les divers
genres d'écriture ne sont pas toujours enseignés aux seuls élèves
qui doivent les étudier en temps opportun et avec les précautions
nécessaires.

Une méthode d'écriture, pour être réellement avantageuse à
l'enseignement, doit être *complète ;* c'est-à-dire présenter les exercices propres à hâter les progrès des élèves, et les applications capables d'assurer à tous une écriture courante, non-seulement belle
et rapide, mais encore semblable et lisible. Toute méthode qui ne
contient que des principes et des modèles pour l'écriture en gros,
ou seulement pour l'écriture en fin, n'est pas appropriée aux écoles,
puisque généralement on y enseigne les diverses grosseurs; une
telle méthode est évidemment incomplète et peu convenable par
conséquent pour les classes : car elle oblige le maître à en adopter
deux dont les principes, les procédés et la forme des caractères
sont souvent fort opposés, ce qui présente plus d'un inconvénient.

Une méthode d'écriture qui contient même des principes et des

____

(1) L'unité de vue et de direction, l'uniformité dans la forme graphique, tel
est le double but que j'ai eu en vue en appropriant la *Citographie* aux écoles
normales aussi bien qu'aux écoles primaires.

modèles pour les différentes grosseurs, ne convient encore à l'enseignement qu'autant qu'elle renferme une suite d'exemples d'application. Il ne faut pas seulement pour les écoles élémentaires une
méthode d'écriture *prompte*, *facile*, d'un succès indépendant de
moyens extraordinaires ; elle doit encore, outre les *exercices préparatoires et généraux*, offrir pour chaque division d'une école,
simultanée ou *mutuelle*, une série suffisante de modèles gradués,
préparés d'après les principes.

Une méthode ainsi combinée et disposée épargne aux maîtres le
soin de préparer eux-mêmes les modèles nécessaires aux élèves, et
leur laisse par là, au profit d'autres soins plus indispensables, un
temps précieux. Elle peut et doit encore faciliter la tâche de l'instituteur qui tient à exécuter ses exemples. Ne lui offre-t-elle pas,
par ses applications graduées, des modèles à copier, des textes à
employer, par conséquent un canevas, un guide; et, de plus, le
moyen le plus assuré de ne présenter à l'imitation des enfants que
des formes connues et familières? C'est d'ailleurs ce que font les
maîtres qui veulent soit s'approprier le genre d'écriture de la méthode qu'ils suivent, soit se pénétrer à fond de la bonté des principes et de la sûreté des procédés de l'auteur. Rien de plus louable
et de plus utile que ce travail, que cette *étude pratique :* car, pour
apprécier toute l'utilité d'un exercice, d'un trait ou d'une forme de
lettre, *la main est toujours un meilleur juge que l'esprit.*

Cette méthode présente aux élèves le travail sous une forme constamment simple, compréhensible, et prévient ainsi l'ennui et le
découragement, inséparables de toute étude qui fatigue trop l'attention et l'esprit.

Enfin, elle empêche la diversité des caractères représentant la
même figure, par conséquent, la confusion qu'occasionne inévitablement l'emploi de modèles préparés d'après des principes autres
que ceux de la méthode suivie. De plus, en même temps qu'elle
assure à tous les élèves une écriture semblable sous le rapport de
la *physionomie générale*, elle rend seule possible la démonstration
des formes au tableau. Le tableau noir, ce n'est pas seulement le
meilleur moyen d'initier les commençants au secret de l'exécution
de chaque caractère, et à la manière de diriger les mouvements de
la main; mais c'est encore le seul moyen de montrer, en un instant,
aux élèves avancés, des *principes*, des *formes*, des *procédés particuliers d'exécution*, toujours vite oubliés par les uns, et souvent
entièrement négligés par les autres. L'instituteur doit tenir à avoir
la facilité de les rappeler fréquemment à tous par *une démonstration qui parle aux yeux et à l'esprit.*

D'après ces développements, on pourra reconnaître que l'uniformité dans la forme graphique s'obtiendrait assez facilement : 1º si les méthodes d'écriture présentaient toutes, comme les grammaires et les arithmétiques appropriées à l'enfance, des exercices bien gradués et en nombre suffisant pour fortifier les élèves sur les principes et les règles ; 2º si l'instituteur faisait ses modèles d'application sur ceux de la méthode employée par lui, au lieu de recourir aux *exemples isolés* qui se trouvent dans le commerce, exemples, en général, peu convenables non moins pour les textes que pour l'écriture.

Les modèles détachés, bien qu'ils présentent sous le rapport de l'écriture des inconvénients moins graves que sous le rapport des leçons qu'ils renferment, sont loin d'offrir, au point de vue de la calligraphie, les conditions capables de seconder le maître pour la propagation d'un même genre d'écriture.

Qu'on examine seulement, avec le désir de s'éclairer, quelques-uns de ces modèles : on remarquera combien ils diffèrent par l'inégalité de la pente et de la force des pleins, et par le manque d'unité dans les dimensions des caractères de même corps, et dans les proportions des boucles, des queues, etc. On reconnaîtra que la plupart diffèrent encore par plusieurs autres points : dans l'un, les lettres sont trop serrées ; dans l'autre, elles sont trop écartées ; celui-ci offre une écriture lente par suite de la grande rondeur des courbes, et celui-là une écriture illisible par la grande finesse des liaisons.

Ces imperfections, graves sans doute, ne sont cependant pas des défauts essentiels, car les principes d'écriture ont quelque chose d'arbitraire : une forme simple, une exécution naturelle, voilà ce que peut et doit exiger un critique sensé et juste. Les différences signalées ne sont, en effet, que des défauts de second ordre, qui ne sauraient empêcher qu'un instituteur zélé et habile n'obtienne de ses élèves des écritures satisfaisantes. Mais ces modèles présentent un défaut bien grand. En les examinant avec attention, on aperçoit que la même forme, surtout pour les lettres *d, f, k, p, r, s, t, v, x, y, z,* est représentée par *trois, quatre,* et jusqu'à *six* caractères différents, souvent bizarres ou étrangers au genre *cursive*. De plus, on constate que la lettre initiale de certains mots est quelquefois précédée d'ornements inutiles ; et que les liaisons finales, qui, lorsqu'elles sont convenablement disposées, contribuent si puissamment à la régularité et à la beauté de l'écriture, sont presque toujours jetées au hasard, de la manière la plus capricieuse et la plus ridicule.

Toute personne qui a observé les enfants, étudié leurs tendances naturelles, sait combien les captive la nouveauté en écriture, et combien ils sont tous portés à imiter les formes nouvelles offertes à leurs regards, qu'elles soient même laides et d'une exécution difficile. L'attrait de la nouveauté l'emporte chez eux sur les habitudes prises par la main, et sur les recommandations journalières du maître.

Tout instituteur s'expose donc, en mettant sous les yeux des élèves avancés un exemple non conforme aux principes, à voir des écritures agréables et lisibles se changer subitement en écritures irrégulières et indéchiffrables, tant pour l'étrangeté des formes, que par la complication des traits.

Les mêmes inconvénients peuvent également résulter de l'enseignement des autres genres d'écriture, si l'on ne suit une marche fondée sur la nature et indiquée par la raison.

On ne doit pas enseigner aux élèves plusieurs genres d'écriture en même temps : en le faisant, on ne peut obtenir pour résultats que *confusion* dans les idées, et *diversité* dans les formes. On doit, en outre, n'enseigner les différents genres d'écriture usités qu'aux élèves avancés, qu'à ceux, par conséquent, qui ont quelques dispositions pour la calligraphie, et à qui il peut être avantageux de connaître les *principes généraux* de la *Ronde* et de la *Bâtarde*. Il convient que toujours la **Cursive**, l'**Expédiée** surtout, soit la base de l'enseignement calligraphique : les autres genres, même la *Ronde*, ne doivent être enseignés aux élèves que comme exceptions à une **règle générale**. A moins de dispositions toutes particulières, un enfant ne doit pas commencer avant l'âge de 10 ans l'étude d'aucun de ces genres.

Il ne faut pas attendre non plus jusque vers le milieu de l'année scolaire, ainsi que cela se fait généralement, pour faire commencer la *Ronde*, que tous les élèves avancés doivent savoir écrire au moins passablement ; car il serait peut-être difficile, sinon impossible, d'obtenir de bons résultats pour la fin de l'année. Voici la marche la plus rationnelle déjà suivie par la plupart des maîtres :

Faire revoir, à la rentrée des classes, à tous les élèves, les principes de la Cursive ; et dès qu'on a obtenu des écritures aisées et bien formées, commencer la *Ronde*, et la continuer jusqu'à ce que la forme et l'exécution en soient familières au plus grand nombre ; montrer alors immédiatement la *Bâtarde* à ceux qui doivent s'en occuper ; revenir ensuite à la *Cursive*, enseigner simultanément ces trois genres pendant le reste de cette première année, même la *Gothique*, si *rien ne s'y oppose*. Cette écriture, parfois utile, plaît aux élèves, et répand sur les exercices de calligraphie une variété qui excite et soutient l'émulation. Quelques leçons suffisent pour que les enfants mêmes la fassent bien, surtout quand des chiffres sont placés sur les éléments et sur les lettres principales pour indiquer par où il faut commencer et finir.

QUESTION.

Par quel moyen peut-on : 1° ramener à la cursive une écriture dégénérée en coulée ; 2° assurer aux élèves une bonne écriture ; 3° conserver à tous une expédiée satisfaisante ?

RÉPONSE.

On ne corrige sûrement, en calligraphie, un défaut quelconque que par le défaut opposé, employé momentanément et avec discernement ; c'est-à-dire seulement quand les conseils réitérés du maître et la copie de bons modèles n'ont plus la puissance d'améliorer les mouvements de la main, devenus irréguliers.

Le maître doit toujours, pour la correction de toute espèce de défauts, employer les moyens contraires à ceux qui ont entraîné l'élève dans la mauvaise habitude d'exécution ou dans le défaut de forme qu'il veut corriger.

Ainsi, lorsqu'un élève fait les *m*, *n*, comme en coulée, deux choses sont à faire presque simultanément :

1° Modérer ou régler les mouvements trop vifs ou irréguliers de la main ;

2° Rendre aux déliés et aux liaisons leur forme courbe.

Deux procédés sont donc à employer pour obtenir un prompt et plein succès :

Il faut faire écrire l'élève exclusivement en *moyen* pendant quelques jours et, de préférence entre deux lignes, surtout l'obliger à exécuter lentement, puisque l'habitude contraire l'a conduit à faire mal. Ce premier procédé, en changeant les mouvements, peut seul disposer la main à un tracé plus sûr des formes.

Il faut, en même temps, faire exécuter isolément beaucoup de *m*, *n*, ou des mots, tels que

mine   même   mêmement   minimum,

en veillant à ce qu'il remonte la liaison, dans les lettres *m*, *n*, au moins jusqu'au milieu du jambage, en exigeant même, si cela est nécessaire, qu'il ne la fasse sortir momentanément du plein qu'aux trois quarts de la hauteur de la lettre.

Une ligne qui partagerait le corps d'écriture en deux parties égales, comme dans la grosse écriture, faciliterait encore le travail.

Il convient de ne ramener l'élève que progressivement à des tracés plus rapides: de cette façon, il reprend insensiblement la manière de diriger ses mouvements avec précaution et assurance, ainsi que l'habitude de courber ses déliés, et revient nécessairement en très peu de temps, en une seule leçon même, à une bonne cursive.

Pour le faire passer graduellement par toutes les grosseurs, même en n'exécutant qu'une ligne d'écriture, on peut le faire écrire alternativement entre deux lignes au crayon dont la diminution progressive conduit du moyen au fin, et réciproquement entre deux lignes dont l'augmentation graduelle mène du fin au moyen.

Comme on le voit, il est assez facile de redresser et de régulariser même promptement des écritures devenues, pour une cause quelconque, négligées, irrégulières; mais il n'est pas aussi aisé d'assurer aux élèves une écriture courante qui se maintienne constamment bonne.

Il est des écoles où les progrès sont prompts, mais les écritures peu satisfaisantes; il en est d'autres où les écritures à *main posée* sont belles et à peu près uniformes, mais où les écritures courantes, celles des devoirs, sont généralement défectueuses; les écritures expédiées des élèves de la classe la plus avancée laissent le plus à désirer.

Est-ce la faute de la méthode suivie, ou est-ce la faute du maître?

Le zèle de tout maître persévérant sait faire produire des résultats, même à une méthode médiocre; il est cependant des méthodes dont la marche, les principes et les exercices sont si opposés à la nature, si contraires aux progrès, qu'elles ne peuvent que paralyser les efforts du maître, et donner aux élèves des habitudes d'exécution et de forme tout à fait nuisibles à une bonne cursive, à une rapide expédiée.

En effet, quelles dispositions favorables pour la calligraphie peuvent développer des exercices en gros, surtout sans gradation aucune, puisqu'il est d'expérience que de tels exercices déforment la main au lieu de la former?

D'un autre côté, comment, en suivant ces méthodes, pouvoir

assurer aux élèves une écriture rapide, puisque au lieu de communiquer à la main le *procédé de la vitesse,* elles lui font pratiquer, souvent pendant des années entières, le *procédé de la lenteur?* Comment espérer que plus tard, quand les habitndes sont prises, quand le mal est grand, la main se dégourdira en faisant des devoirs? On sait qu'il y a peu de remèdes pour les maladies chroniques, et que presque toutes sont incurables.

On ne guérit pas plus facilement une main estropiée qu'on ne guérit un mal invétéré. Les meilleures écritures deviennent très souvent défectueuses, mais les mauvaises ne s'améliorent que bien rarement : l'expérience ne le prouve que trop.

Dans les méthodes où la lettre *O* est présentée la première, et comme devant servir à la formation des lettres de forme ovalaire, les élèves sont nécessairement conduits instinctivement à former les lettres *a, q, g, d,* non en une fois, ainsi que cela devrait être, mais en deux fois. Il est facile de reconnaître que cette manière d'exécuter ces caractères, pratiquée encore par le plus grand nombre des élèves, n'est avantageuse ni à la bonté de la forme ni à la rapidité de l'exécution.

En écriture, les moyens d'exécution doivent plus encore préoccuper le maître que la perfection de la forme : une bonne manière de travailler devant nécessairement amener de bons résultats.

Plus d'un auteur cependant a décomposé les lettres de l'alphabet en éléments ou parties de lettres ; les élèves, après avoir étudié isolément ces fragments de lettres, souvent très nombreux, sont obligés de les réunir : l'*a* est formé de *quatre parties,* et exécuté en quatre fois ; l'*m* est formé de *six parties,* ou fragments, et exécuté, par conséquent, en six fois, ni plus ni moins.

Est-ce là enseigner à écrire? Aussi faut-il voir comme l'élève est toujours en défaut lorsqu'il doit former *un tout* avec les parties, et aussi comme ses mouvements sont lents et mal assurés !

D'autres présentent les éléments de l'*m* de manière à disposer les élèves à exécuter cette lettre par *trois reprises.* En effet, le délié de ces éléments doit commencer au bas de chaque caractère, c'est-à-dire sur la ligne qui, dans les premiers modèles, sert de base à l'écriture : ce qui est naturel. S'il ne prend que vers le milieu de la hauteur de ces caractères, l'élève peut-il comprendre que le délié du 2ᵉ et du 3ᵉ jambage de l'*m* doive être remonté, sans interruption, sur le plein de chacun? Évidemment non. En levant la plume au bas des deux premières parties de cette lettre, pour commencer le délié de la 2ᵉ et de la 3ᵉ partie vers le milieu du plein, l'élève n'est-il pas conséquent? ne fait-il pas même preuve d'intelligence? D'ailleurs combien de maîtres n'**exécutent** pas autrement les lettres *m, n,* trompés eux-mêmes par la fausseté des principes!

Mais soit que l'élève compose les lettres de divers éléments, soit qu'il les exécute seulement en plusieurs fois, il est évident qu'il ne se forme qu'une écriture lente, décousue, qui doit, dès qu'il est tenu d'écrire un peu vite, devenir très irrégulière, illisible même : les mots ne présentent souvent plus que des caractères difformes et détachés.

Ailleurs, les éléments et les lettres ont une forme qui ne peut que conduire les commençants à des mouvements exagérés, précipités : car il ne faut pas oublier l'effet que produit un modèle, surtout sur un jeune enfant. La voix du maître peut bien se faire entendre à tous les élèves au commencement de chaque leçon, et encore de temps en temps à chacun en particulier; mais le modèle parle toujours. Sans cesse il dit à l'élève : « *Regarde et imite; vois ce trait qui prend ici, ce délié qui commence là; remarque cette forme, remarque ces liaisons, et observe le tout.* » Chacun ne sait-il pas que l'on apprend bien mieux par les yeux que par les oreilles?

Pour empêcher que les élèves ne tombent dans les rondeurs, on ne leur présente quelquefois que des *formes angulaires.* Ou bien, dans le but de développer les mouvements de la main, on donne aux lettres *m, n, u,* une largeur démesurée. Il y a plus : dès la première leçon, l'enfant doit exécuter, sans lever la plume, des lignes entières de ces lettres dont l'écartement entre elles n'est pas moins exagéré que leurs dimensions.

L'expérience prouve que les enfants ont une tendance à rapprocher les mots, à les confondre même, souvent au point qu'une ligne entière ne fait plus à l'œil qu'un seul mot, et que l'écriture devient illisible. Eh bien! au lieu de combattre cette tendance, ces méthodes l'entretiennent; elles poussent même l'élève dans le défaut signalé, en liant déjà les uns aux autres les mots des premiers modèles d'application.

Quand on se propose pour but particulier, non pas d'enseigner à écrire à ceux qui ne savent pas, mais de redresser, d'améliorer l'écriture de ceux qui écrivent mal, on peut, même dans les premiers exercices, présenter les lettres dans une forme qui ne soit pas naturelle. De tels exercices, qui se conçoivent dans une méthode spéciale, ne se comprennent plus dans une méthode destinée aux écoles primaires, surtout dans des *cahiers préparés* pour le premier enseignement de l'écriture.

Ce n'est pas évidemment en mettant sous l'œil des formes incorrectes, ni en donnant à la main des mouvements faux, qu'il est possible d'assurer les progrès des élèves.

Procéder de la sorte, n'est-ce pas agir absolument comme si, pour amener un enfant à bien prononcer une lettre, on la lui faisait *mal prononcer?* On parvient à donner aux élèves le ton convenable de la lecture, non en lisant mal, mais seulement en lisant bien, en les dirigeant avec art, et en n'exigeant d'eux que ce qui est naturel.

Il est des maîtres qui ne se contentent pas de faire faire une page de certaines lettres, de certains mots, de certaines phrases difficiles ou importantes; ils en font remplir de nombreuses pages, des cahiers entiers. Quel intérêt l'élève peut-il trouver à faire *cent fois, mille fois* de suite le même exercice? Ces maîtres se trompent en croyant ainsi hâter les progrès des enfants, et la meilleure preuve, c'est que les dernières lignes de presque chaque page, et les dernières pages de chaque cahier sont toujours les moins bonnes.

Cela n'a rien qui puisse étonner. Après qu'un élève a fait un certain nombre de fois une lettre, l'exécution lui en est devenue familière, et cesse de le captiver; la forme a perdu pour lui l'attrait de la nouveauté, et ne l'intéresse plus: il la trace avec une indifférente négligence, et bientôt sa main ne sait plus que former mal, parfois très mal, la lettre, le groupe, le mot qu'il avait cependant bien fait.

A quel degré de gravité ne peut pas aller le défaut, surtout lorsque les lettres ne sont pour les enfants que des signes sans valeur, et les mots qu'un assemblage de traits ou qu'un dessin sans intérêt? Or, c'est ce qui arrive inévitablement si on les abandonne, dans le principe, à *l'imitation purement matérielle des exercices et des exemples d'écriture.*

Les textes qui sont insignifiants ou copiés trop longtemps, portent aussi les élèves à négliger la forme des lettres, et à ne plus soigner leur écriture.

Les tracés du maître, soit sur le tableau noir, soit sur les cahiers des élèves, peuvent aussi, s'ils ne sont pas exécutés suivant les principes de la méthode suivie, produire les plus fâcheux résultats, alors même que les modèles copiés par eux leur montrent les éléments et les lettres tels qu'ils doivent être exécutés et imités.

Il importe donc, non-seulement, que l'instituteur exécute devant eux les lettres *en une fois,* mais qu'il leur donne exactement la forme qu'elles ont dans les modèles.

Il est encore nécessaire qu'il évite, dans ce qu'il écrit au tableau, comme *problèmes, sujets d'analyse ou de composition*, etc., les formes étranges, les ornements superflus, enfin tout ce qui peut nuire à la bonté et à la beauté des écritures courantes : car les élèves prennent facilement la forme des lettres et le genre d'écriture même de leur maître.

On se demande quelle part la méthode a dans les bonnes et belles écritures qu'on rencontre dans certaines écoles.

Une méthode de lecture peut, par la gradation de ses exercices, hâter les progrès des élèves ; mais elle ne saurait leur donner la manière de *bien lire :* cela ne peut être que l'œuvre du maître.

Une méthode d'écriture peut également, par la gradation de ses exercices, hâter les progrès des commençants ; mais elle ne saurait communiquer aux élèves le *talent de bien écrire*. Le maître seul peut inspirer du goût et de l'application pour la calligraphie. L'instituteur qui aime d'enseigner trouve toujours des élèves disposés à apprendre.

Il importe, sans doute, que les progrès des commençants soient rapides ; que les écritures réunissent les qualités suivantes : la *simplicité*, l'*uniformité*, la *facilité*, la *rapidité*, enfin la *lisibilité*. Mais il importe encore qu'ils puissent conserver une bonne cursive expédiée, comme résultat final des leçons d'écriture.

Tout instituteur zélé obtiendra sûrement ce résultat si désirable :

En exerçant bien la main, et dès les premières leçons (ne pas négliger, dans ce but, les plumes larges du bec); en lui rendant aisée l'exécution de tous les traits, de toutes les formes de lettres ; en veillant à ce que les commençants exécutent tous les caractères *en une seule fois*, et lient bien entre elles toutes les lettres des groupes et des mots.

En habituant de bonne heure les enfants à exécuter convenablement les premiers exercices d'écriture; à bien imiter leur modèle et à comparer ce qu'ils font, à juger eux-mêmes leur écriture, en un mot, à travailler avec attention et réflexion.

En suivant les applications des élèves; en examinant avec intérêt le travail de tous, et en donnant à chacun le conseil ou l'encouragement dont il a besoin. (On sait comment sont soignés les devoirs que les enfants savent ne devoir pas être vus par le maître, et ce que produisent des dictées non corrigées ou dont les fautes ne sont pas expliquées, motivées.)

En ne tenant les enfants trop longtemps ni sur les lettres, ni sur un exercice quelconque; et en veillant soigneusement à ce que les lettres ne soient pas pour eux des figures insignifiantes, les mots

des dessins sans attrait, et, par suite, les textes quelque chose d'in-
déchiffrable et de décourageant.

En faisant aimer les leçons d'écriture, par un éloge accordé à
une page bien faite, par une bonne note donnée à un texte récité
par cœur ou reproduit de mémoire, et par une récompense
octroyée à un cahier entièrement écrit avec soin.

En ne faisant écrire sous la *dictée* que lorsque l'écriture des
élèves est aisée et bien formée, et en exigeant que les devoirs de
tout genre soient constamment écrits avec attention et propreté.
(Les premières dictées doivent se faire lentement, et les premiers
devoirs être courts; ils demandent, en outre, à n'être augmentés
que graduellement).

En ne permettant pas trop tôt le *d* arrondi, et en ne faisant copier
les modèles d'*écriture expédiée* qu'aux élèves avancés dont la main
est en état de reproduire les formes expéditives : on ne doit faire
chaque chose qu'en son temps.

En faisant revenir de temps à autre sur les principes, c'est-à-dire
sur les exercices généraux, surtout sur les lettres isolées et groupées
de la série dont la forme laisse le plus à désirer.

Enfin, en ne perdant jamais de vue que les enfants, les adultes
même, ne font bien une chose qu'autant qu'on leur fait un *intérêt*
ou une *obligation* de bien s'en acquitter; en employant constamment avec prudence et sagesse ces deux mobiles, les seuls capables
de porter les élèves à vouloir, et par conséquent d'assurer le succès
des leçons.

NEUVIÈME CONFÉRENCE.

—

Des textes des modèles.

On a dit souvent que beaucoup d'instituteurs ne voient dans l'enseignement de l'écriture que des *pleins*, des *courbes*, des *déliés*, en un mot que des *formes* ; et, par suite, ne tirent aucun parti de cet enseignement au profit de l'éducation intellectuelle et morale des élèves.

On ajoute que la plupart des maîtres mettent sous les yeux des enfants des modèles ne contenant que de ridicules groupes de lettres, des mots étranges, des phrases vides de sens, des textes insignifiants et parfois même dangereux ; enfin, rien qui soit propre à éclairer l'intelligence, à former le cœur, à élever l'âme.

La plupart des rapports de MM. les Inspecteurs confirment ces allégations.

Il est bien vrai que trop d'instituteurs donnent encore leurs leçons comme des professeurs spéciaux de calligraphie, c'est-à-dire qu'ils oublient que l'écriture doit, au plus tôt et avant tout, servir d'auxiliaire au calcul et à l'orthographe. Il est également vrai qu'un grand nombre de maîtres, dévoués cependant, continuent à faire copier à leurs élèves des exemples dont le texte n'est pas plus instructif qu'intéressant.

Les reproches auxquels donne encore lieu la manière d'enseigner l'écriture dans les écoles, ainsi que les textes des modèles, paraissent donc bien fondés ; mais doivent-ils être adressés seulement aux instituteurs ? Un maître n'est-il pas, d'une part, disposé à enseigner l'écriture comme elle lui a été démontrée ? et, de l'autre, n'est-il pas engagé, même par la question d'intérêt, à employer les modèles que présente la méthode qu'il a choisie, et dont l'usage lui est conseillé par l'approbation de l'autorité supérieure ?

Les méthodes approuvées devraient se recommander autant par la partie morale que par la partie pratique ; tous les maîtres devraient être par elles bien guidés, heureusement inspirés, et les élèves non moins bien conseillés par les préceptes qu'utilement dirigés par la forme graphique. Mais il en est tout autrement.

En effet, lors de la révision des ouvrages approuvés, la commission chargée de l'examen des livres et des méthodes près le Ministère de l'Instruction publique, était obligée, en 1835, en terminant son rapport sur la comparaison des méthodes calligraphiques, de s'exprimer de la manière suivante :

« Un autre point très important à obtenir (mais qui est en dehors de la méthode même), c'est qu'au lieu de syllabes insignifiantes, ou même de groupes et d'assemblages ridicules, et de lettres sans suite, on donne aux élèves des mots, des phrases, des sujets qui apprennent quelque chose, des idées justes, quelque chose enfin de raisonnable et d'instructif, mis à la portée de l'enfance : de tous temps les maîtres d'écriture ont négligé ce soin d'une manière *déplorable*. »

Or, que peut être l'enseignement de l'écriture dans les écoles, sous le rapport moral, si ce n'est *déplorable* aussi ; puisque les méthodes adoptées pour guider les instituteurs, celles mêmes qui ont mérité d'être classées les premières, n'ont pu échapper à la sévère critique de la commission ?

On se tromperait en pensant que l'autorité supérieure n'aurait pas dû favoriser, par son suffrage, l'introduction dans l'enseignement de méthodes dont les applications sont ou insuffisantes ou mal choisies : car une méthode d'écriture ne doit pas avoir nécessairement une partie morale ; elle peut ne contenir que les modèles nécessaires pour que l'élève arrive graduellement et au plus tôt à l'*expédiée* ; elle peut même ne pas renfermer une seule phrase, par conséquent ni un précepte, ni une vérité morale ou religieuse.

Il fallait avant tout assurer à chaque maître le moyen d'enseigner à écrire : un guide lui était nécessaire, non moins sous le rapport du genre d'écriture à donner aux élèves, que sous celui de la manière de procéder dans ses leçons.

Mais, quand une méthode d'écriture est spécialement destinée aux écoles, elle doit présenter de tout autres conditions. Dans l'enseignement particulier, les leçons d'écriture ne durent guère que quelques mois ; dans les classes, au contraire, elles durent nécessairement quelques années Il convient donc qu'une méthode appropriée à l'enseignement public renferme, outre les modèles de principes, de nombreux modèles d'application ; et, de plus, que ces modèles intéressent les élèves par la variété des textes et par la forme des préceptes. Ces conditions résultent autant de l'intérêt des progrès en écriture, que de celui de l'éducation morale. Comment le maître le plus dévoué, celui même qui sait faire aimer ses leçons à ses élèves, réussirait-il à leur faire trouver de l'intérêt à ne copier que des lettres, à n'imiter que des formes pendant des années entières ?

Ce n'est le plus souvent que parce que les leçons n'inspirent que de l'*ennui* et du *dégoût* aux élèves avancés, que l'on voit, dans certaines écoles, de belles et bonnes écritures devenir, aussitôt que la forme a cessé d'avoir du charme, peu à peu négligées ; et, par suite, irrégulières, mauvaises et parfois méconnaissables.

Les personnes qui se sont livrées, à un titre quelconque, à des études ou à des appréciations des différents genres d'écriture, savent, par expérience, que les calligraphes ne se sont généralement occupés que de la forme et de la combinaison des lettres. Étrangers, la plupart, à l'enseignement, ils ont traité la calligraphie en artiste, et ont fait un but de ce qui ne doit être qu'un moyen pour l'instituteur.

Ainsi, les grands maîtres en calligraphie, et surtout les auteurs de méthodes, n'ayant en vue que la *forme*, sont la première cause, mais bien involontairement sans doute, du peu de fruit qu'a produit jusqu'ici, pour l'éducation intellectuelle et morale, l'enseignement de l'écriture : car la pensée que le modèle d'écriture doit être en même temps un moyen d'instruction et d'éducation, par suite un auxiliaire doublement utile pour le maître de l'enfance, ne pouvait venir qu'à un membre de l'enseignement.

Les leçons de calligraphie entendues de la sorte, et données dans un esprit de moralisation, présentent un enseignement bien différent de celui que les instituteurs ont depuis longtemps pour guide ; mais, pour être nouveau, il n'est pas moins provoqué par le règlement adopté aujourd'hui pour toutes les écoles publiques, et désiré, attendu par les autorités les plus éminentes.

« Les enfants, dit M. DE GERANDO dans son *Cours normal des Instituteurs primaires*, trouvent du plaisir à concevoir clairement une chose ; ils goûtent la joie du succès. Si, en exerçant vos élèves à l'écriture, vous leur donnez à écrire, au lieu de ces mots insignifiants que les maîtres d'écriture semblent affectionner de prédilection pour ce qu'ils appellent des *exemples*, si vous leur donnez un mot, une phrase qui leur retrace quelque idée familière et intéressante, qui leur peigne un discours dont ils aimeraient à s'entretenir, alors, au lieu du dégoût que leur inspirait une exécution *toute mécanique*, vous les verrez prendre plaisir à voir sortir de leur plume l'image de leur propre pensée. »

Dans ses *Lettres sur la profession d'instituteur*, M. THÉRY, recteur d'académie, s'exprime en ces termes :

« Je termine par un conseil auquel je voudrais pouvoir donner le poids et la force d'un ordre : n'exercez jamais les enfants à écrire des phrases nulles ou banales; que vos exemples expriment des vérités religieuses et morales, des recommandations utiles ; que l'enseignement de l'écriture ne soit pas plus dépouillé que toute autre partie de l'instruction de ce sens moral et pratique qui convient à tout aliment de l'intelligence. Renvoyez aux instituteurs de dixième ordre la manie de faire écrire des mots incommensurables et à peine français, parce qu'ils ont le mérite de renfermer une collection assez complète de difficultés matérielles. Laissez-les se flatter d'avoir appris à tracer victorieusement les *m*, parce qu'ils auront fait copier *mêmement* vingt fois de suite. Vous, mon ami, visez plus haut! Souvenez-vous, non-seulement que vous enseignez à écrire, mais que, même en enseignant à écrire, *vous formez des hommes et vous préparez des chrétiens !* »

En 1854, M. Villemain, alors ministre de l'Instruction publique, a dit :

« La seule, la véritable école populaire est celle où tous les éléments d'étude servent à la culture de l'âme, et où l'enfant s'améliore par les choses qu'il apprend, et par la manière dont il les apprend. »

Quel bien, en effet, ne résulterait-il pas, si, dans les cinquante mille écoles primaires environ qui couvrent notre belle France, les enfants se trouvaient chaque jour, même pendant la leçon d'écriture, sous l'influence d'une *atmosphère religieuse et morale*, par suite de bons textes copiés, lus, médités par les élèves avancés! puisque sous cette influence, qu'un instituteur sage et qu'une institutrice dévouée savent rendre si salutaire, le cœur de l'enfant s'ouvre, pour ainsi dire, de lui-même à la vertu comme le calice des fleurs aux rayons bienfaisants du soleil.

On lit dans le *Bulletin officiel de l'Instruction primaire*, année 1854, numéro 24, au sujet de l'enseignement de l'écriture, ces lignes intéressantes :

« Il est un enseignement religieux et moral qui doit se trouver indirectement dans toutes les autres branches des connaissances dont on occupe les élèves, comme dans tout l'ensemble de la règle, de la discipline et des actes de l'école.

« L'éducation religieuse et morale ne consiste pas en effet dans une branche d'enseignement qui a sa place à part, et qui cesse avec l'heure qui lui est consacrée dans le cadre des études.

« La religion est pour l'âme ce que le principe vital est pour le corps, et pour toutes les fonctions de notre organisme. Elle doit vivifier toutes les facultés de notre cœur et de notre intelligence.

Elle doit faire sentir son influence à tous les actes de notre volonté. Il n'est pas une action de notre vie, pas un moment de notre temps, pas une branche des études à laquelle elle doive rester étrangère.

« Voilà pourquoi l'enseignement religieux et moral doit se trouver dans toutes les parties de l'enseignement, dans tous les rapports du maître et des élèves, dans tout l'ensemble de la vie scolaire. Il est de toutes les heures, de toutes les classes, de tous les exercices. »

L'enseignement que cette conférence a pour objet de formuler d'une manière claire et précise, d'établir ou de régulariser dans les écoles, en le réduisant en un procédé facilement applicable, par tout maître, répond donc aux vœux des chefs du corps enseignant et des hommes les plus éclairés en matière d'éducation, d'instruction et de pédagogie.

Cet enseignement devra, par suite, obtenir les sympathies des instituteurs, s'il offre à tous un moyen de plus, un moyen aussi sûr que facile, de former le cœur à la vertu en même temps que la main à l'écriture. Il suffira, pour cela, qu'ils se pénètrent bien de l'importance des points suivants :

       1° Du genre et de la forme des préceptes ;

       2° De la manière d'appliquer les modèles ;

       3° De l'étendue des textes.

Du genre et de la forme des préceptes.—Pour faire mieux qu'on n'a fait jusqu'ici, ce ne serait pas assez que de donner des textes à copier aux élèves, même de bons textes ; il faut que les préceptes aient entre eux de la liaison, ainsi que cela existe dans les principes de tout bon ouvrage, qu'ils soient appropriés à l'enfance et à la jeunesse, et de plus gradués selon l'âge des élèves auxquels ils sont destinés.

Quel intérêt peuvent présenter aux enfants ces sentences sans *suite*, sans *liaison entre elles* et au-dessus de leur intelligence, qu'un trop grand nombre d'élèves sont encore condamnés à copier des mois entiers, même des années entières ? ainsi que ces *sujets sévères*, également au-dessus de leur portée, soit par la profondeur du sens, soit par la richesse du style ?

Quelle instruction peuvent encore offrir aux enfants de bons textes mêmes si les conseils n'en peuvent facilement être ni compris, ni retenus ?

Il importe donc avant tout de choisir, pour le fond des exemples, des sujets qui, en retraçant aux enfants des idées familières, exprimées avec simplicité et naïveté, puissent réellement les intéresser, les instruire et leur faire goûter la joie la plus salutaire, celle que font toujours éprouver des leçons attrayantes et comprises.

Quels sujets doivent donc être traités dans des exemples d'écriture? car il importe encore que tous redisent aux élèves ce qu'ils entendent de la bouche même de leur maître : la copie n'en sera que plus intéressante et la lecture plus profitable.

Nous avons tous des devoirs à remplir envers Dieu, envers le prochain, envers nous-mêmes. Voilà le plan qu'il convient de suivre dans des modèles formant une suite et destinés à l'enseignement dans les écoles. Il doit être celui de tout bon ouvrage d'éducation. Quoi de plus capable de captiver l'attention des enfants, de toucher leurs jeunes cœurs, que de leur parler, encore chaque jour, par le modèle d'écriture, de Dieu et de leurs parents, de la patrie et des autorités, de leurs semblables et d'eux-mêmes, enfin, de leurs principaux devoirs comme enfants et comme membres de la société ! surtout que les impressions sont si vives dans le jeune âge, et que l'esprit retient si aisément un précepte de conduite, ou une pensée morale, ou une vérité religieuse qui a été lue et relue, copiée et recopiée, méditée et expliquée, et ensuite reproduite de mémoire, comme exercice complémentaire des leçons d'écriture.

Pour des modèles d'écriture, les sujets familiers et capables d'éclairer les enfants sur leurs devoirs ; de faire naître ou de développer chez eux des sentiments ; de les pénétrer d'amour et de reconnaissance pour Dieu, et par suite, pour leurs familles et pour toutes les personnes qui s'intéressent à leur éducation ; d'amour pour la patrie et de respect pour les diverses autorités, seront certainement trouvés préférables à ces sujets qui ne s'adressent qu'à la mémoire ou à l'imagination, sans parler ni à la conscience, ni au cœur, ni à l'âme.

Outre les leçons ayant en vue de disposer les enfants à l'amour et à la pratique des vertus *chrétiennes* et *filiales*, *patriotiques* et *fraternelles*, on peut, on doit même leur donner, dans quelques modèles, des préceptes de politesse et d'hygiène, comme résumés des recommandations journalières du maître. Tout autre sujet, comme des notions de géographie, d'histoire, de physique, etc., ne me paraît devoir être, pour l'éducation morale des enfants, que d'une utilité sinon nulle, du moins bien secondaire.

On comprend dès lors que le choix des sujets n'est pas indifférent ; il ne saurait suffire, en effet, ainsi que cela se pratique, de prendre les textes des modèles dans un ouvrage quelconque, ni, par conséquent, de les rédiger légèrement.

Il n'est pas donné à tout le monde d'exprimer avec *simplicité*,

clarté et *justesse*, une pensée renfermant un précepte, une vérité
morale ou religieuse. Aussi est-il de bons ouvrages d'éducation où
se trouvent des pensées ou maximes inexactes, fausses, et dont la
morale est sinon mauvaise, du moins indifférente.

Il est tel recueil de maximes dont les neuf dixièmes ne conviennent ni pour des enfants ni pour des adultes : les textes des
modèles demandent à être spécialement appropriés au jeune âge.

« Vous prendrez garde, a dit Son Éminence le cardinal-arche-
vêque DONNET, à ce que les modèles d'écriture placés sous les yeux
des élèves ne contiennent que des préceptes moraux, des citations
à leur portée. Vous veillerez à ce que la semence jetée dans les
âmes jeunes et pures soient de bonne qualité. Un fétu enflamme
l'œil ; un mot peut pervertir une intelligence, une ligne fausser
l'esprit, corrompre l'âme. »

C'est donc avec beaucoup de raison que le *Bulletin officiel*, dans
son numéro de décembre 1854, conseille aux instituteurs, à propos
des modèles d'écriture, de ne pas les prendre au hasard au milieu
de cette foule d'exemples qu'une spéculation avide nous offre
chaque jour.

« Ne mettez sous les yeux des enfants, dit-il, que des exemples
irréprochables sous le rapport de la forme ; cette précaution n'est
pas suffisante : il faut encore que ces exemples soient irréprochables
sous le rapport du fond, c'est-à-dire qu'ils contiennent quelque
vérité morale, religieuse, courte et appropriée à leurs besoins.

» A force de copier et de recopier une phrase, l'enfant finit par
l'apprendre par cœur. Or, ne vaut-il pas mieux graver ainsi dans
la mémoire un bon conseil, une sentence utile, que l'une de ces
phrases banales ou dangereuses qui garnissent trop souvent nos
modèles d'écriture ? »

Quelle garantie, en effet, peuvent offrir des textes faits ou choisis le plus souvent par des personnes étrangères à l'enseignement,
et occupées de rien moins que du progrès religieux et moral de la
jeunesse ?

L'auteur des judicieuses réflexions qu'on vient de lire termine
son article en insistant pour que les instituteurs choisissent leurs
modèles avec discernement, et en leur recommandant, à ce sujet,
les méthodes approuvées ayant une partie morale, comme pouvant
seules les aider efficacement à remplir le but auquel ils doivent
s'efforcer d'atteindre, celui d'*élever* en instruisant.

De la manière d'appliquer des modèles. — Les jeunes élèves,
préoccupés des principes et de la forme des lettres qui les frappent
d'abord tout naturellement, donnent, en général, peu d'attention

au sens des phrases, aussi bien qu'à l'orthographe des mots; il est même des élèves intelligents et de tout âge qui, après avoir copié un modèle pendant quinze jours, et souvent plus longtemps, ne peuvent ni en reproduire les premières lignes de mémoire, ni en écrire seulement correctement quelques mots. Il résulterait donc encore nécessairement, avec les meilleurs exemples même (si l'on se bornait à ne demander à l'élève qu'une imitation exacte sous le rapport de la forme graphique), une perte non-seulement pour la morale, mais pour la culture de la mémoire, pour le développement de l'intelligence et pour l'étude de l'orthographe. Dispensé du travail d'analyse, si capable de communiquer un esprit d'observation et de réflexion, l'enfant ne peut plus acquérir aussi facilement ni aussi sûrement l'habitude de bien voir les mots, d'en remarquer et retenir les lettres. Au contraire, cette habitude précieuse (préparation qui doit être si avantageuse aux succès des exercices subséquents de grammaire), il la prendra nécessairement sans peine, s'il est tout simplement averti chaque lundi, en recevant un modèle, qu'il sera obligé de l'écrire de mémoire à la fin de la semaine, et qu'il n'en recevra un nouveau qu'autant qu'il aura reproduit d'une manière satisfaisante, soit de mémoire, soit par écrit, le texte qui lui est remis. Dès lors, un intérêt puissant, celui de la nouveauté et de l'avancement, est offert à l'enfant : non-seulement il est tenu d'observer un *trait*, une *liaison;* mais encore de lire attentivement tous les jours chaque mot de son modèle, d'en remarquer les lettres, d'en étudier le texte et de le graver dans son esprit. En même temps que l'attention de l'élève se fixe bien, de la sorte, même sur l'orthographe des mots, et que sa mémoire s'exerce graduellement à retenir ce qu'il copie, l'instituteur peut voir, en outre, pénétrer successivement dans l'esprit des enfants de nombreux textes, des milliers de mots usuels, en même temps qu'ils prendront tous, de bonne heure, des habitudes d'attention et de réflexion.

Un maître ne doit jamais perdre de vue, en donnant ses leçons, que l'écriture prépare directement les élèves au *calcul*, à l'*orthographe* dont les exercices réclament non-seulement du goût, des habitudes de propreté, mais encore une manière intelligente de travailler.

De l'étendue des textes. — Ce point a également son importance. Mal entendu, le travail de la copie serait au-dessus de la force des élèves ; et les instituteurs pourraient ne pas retirer tous les avantages possibles des meilleurs textes. Trop longs, les textes fatigueraient l'attention des enfants, et leur mémoire ne les retiendrait ni facilement ni sûrement.

Pour assurer aux élèves toute la facilité désirable et au maître tout le succès possible, il est encore nécessaire que les modèles ne contiennent d'abord que des phrases d'une ligne, de deux lignes, de trois lignes, et ensuite seulement des textes de quatre, cinq, six lignes ; et ainsi graduellement, mais jusqu'à une douzaine de lignes au plus, surtout si les exemples sont en écriture fine.

Il y a toujours inconvénient à ce que les élèves ne puissent copier leur modèle en entier pendant le temps fixé pour la leçon d'écriture; il y a, au contraire, toujours avantage à ce qu'ils l'écrivent et en méditent plusieurs fois les conseils ou les maximes.

Composé, gradué et appliqué comme il est dit, le modèle d'écriture doit devenir, pour tout maître dévoué, un moyen sûr d'éducation, non moins favorable à l'enseignement même de la calligraphie qu'à la première instruction de l'enfance : car il sera pour tout élève un nouveau conseiller quotidien.

QUESTION.

Comment doivent être corrigés les textes reproduits de mémoire?

RÉPONSE.

L'écriture étant l'auxiliaire indispensable du *calcul* et de l'*orthographe*, il importe non-seulement qu'elle soit montrée de bonne heure aux enfants, mais encore qu'elle soit enseignée de manière à les préparer à ces autres études. L'orthographe d'usage dont l'étude est toute d'observation, exige surtout *cette habitude d'attention, cette mémoire des yeux*, que les leçons d'écriture, données convenablement, peuvent seules assurer aux élèves. Cependant, la nécessité d'un tel enseignement, bien que vivement sentie de tous les maîtres, appelle encore des moyens nouveaux pour être satisfaite.

Il est vrai que les méthodes de calligraphie n'ont ordinairement en vue que l'exécution et la forme : de là vient que les exercices et les procédés en usage dans beaucoup d'écoles n'ont nullement pour but de faciliter le succès des autres branches d'instruction.

La reproduction de mémoire, à la fin de chaque semaine, du texte des modèles étudié et copié, constitue un exercice qui flatte et stimule beaucoup les élèves : il est à la portée des plus jeunes intelligences. Il offre le moyen le plus raisonnable et le plus facile de préparer aux dictées orthographiques et de rendre celles-ci agréables.

Chacune des phrases destinées à être reproduites de mémoire, devant n'être que d'une ligne, tous les élèves peuvent facilement, si elle a été copiée avec attention du lundi au samedi, la savoir par cœur, et même être en état d'en écrire à peu près correctement tous les mots, surtout si le texte est à la portée des enfants pour le *sens* comme pour l'*étendue*.

Les conseils du maître et ses recommandations journalières rendent ce travail facile et attrayant.

Voici comment il convient que les choses se pratiquent.

Le samedi, ou tout autre jour désigné pour la composition, les modèles ne sont pas distribués ; et il doit être prescrit aux élèves de ne regarder ni sur leurs pages de la semaine, ni sur le cahier de leurs voisins : il faut que chacun reproduise par le seul secours de la mémoire le texte étudié. Ce texte, quand il ne comprend qu'une ou deux lignes, peut être répété un certain nombre de fois, de manière à remplir une petite page ou au moins la moitié d'une page.

La leçon terminée, les cahiers des élèves sont levés pour être corrigés par le maître ou par un élève capable.

On devra se borner à désigner par un *trait*, mais bien distinct, la faute qui se trouve dans un mot, et à indiquer au haut ou au bas de la page le nombre de fautes marquées. Les mots oubliés sont comptés comme fautes.

A la séance suivante, les cahiers annotés sont rendus aux élèves qui doivent eux-mêmes corriger, avec le modèle sous les yeux, toutes les fautes qui ont été signalées à leur attention. On sait que le *travail de recherche et de comparaison* rend les élèves habiles à voir ce qui n'est pas conforme au modèle. Il importe donc de leur laisser le soin de découvrir leurs fautes, et surtout la satisfaction de les corriger.

Le maître ne doit être ni trop sévère ni trop exigeant dans le commencement de cet exercice nouveau ; il convient cependant que les élèves sachent qu'ils ne peuvent espérer recevoir un autre modèle tant qu'ils n'auront pas bien reproduit le texte qui est à l'étude. Alors, il leur sera fait réellement une obligation de lire attentivement chaque mot de tous les exemples, d'en remarquer les lettres, d'en étudier le contenu, et de se le graver dans l'esprit.

Les textes écrits de mémoire peuvent aussi être corrigés d'une autre manière : on peut laisser aux élèves le soin de chercher leurs fautes, le modèle étant sous leurs yeux, de les signaler, puis de les corriger. Cette correction exige d'eux encore plus d'attention, et donne également de bons résultats, souvent même de meilleurs. Un élève peut sans doute laisser des fautes ; mais la chose est sans conséquence : le travail de recherche et d'observation ne se fait pas moins, et c'est le résultat qu'on doit avoir le plus en vue d'obtenir.

Si les premiers modèles de phrases étaient ainsi appliqués, l'orthographe usuelle, généralement si faible, même chez tant d'élèves intelligents et avancés, s'acquerrait certainement plus vite et plus sûrement ; et elle ne serait plus pour tous les maîtres une source de déceptions pénibles.

Rien n'est plus favorable aux progrès que de faire revenir, de temps à autre, les enfants sur les choses étudiées. Ainsi, lorsque les élèves ont parcouru successivement et pendant un temps raisonnable, tous les modèles destinés à une même classe, il est très bon de les leur faire reprendre en commençant par le premier. En les copiant une seconde fois, ils voient tout moins confusément : aussi doivent-ils être tenus, en écrivant de nouveau de mémoire le texte de ces exemples, de bien observer tous les signes orthographiques.

Les élèves peuvent, ils doivent même, revoir plusieurs fois dans l'année les mêmes exemples : il faut surtout avec les commençants, ne se hâter que lentement ; mais pendant qu'on insiste sur un point quelconque de calligraphie, il est cependant nécessaire que les exercices ne cessent d'offrir aux enfants un intérêt qui les captive et les soutienne, soit par des détails nouveaux qu'on leur fait remarquer, soit par des démonstrations plus complètes qui leur sont données.

Les efforts des élèves ont sans cesse besoin d'être encouragés. Pour les disposer à donner toute leur attention au texte des modèles et à l'orthographe des mots, en même temps qu'à soigner leur écriture, à remarquer ce qui se rapporte à l'exécution et à la forme des lettres, on peut, outre les bonnes notes qui se placent sur les cahiers, accorder de temps en temps les premières places, toujours vivement désirées et disputées, non-seulement aux élèves qui ont le mieux écrit, mais encore à ceux qui ont le plus exactement reproduit le texte ou l'orthographe des mots.

Il est des élèves qui ne sauraient, malgré leurs efforts, obtenir la première place pour l'écriture ; tous peuvent la mériter soit pour l'orthographe, soit pour la reproduction fidèle du texte.

Il est encore, pour tirer tout le parti possible de bons textes, un autre procédé d'une application aussi facile pour le maître que fructueuse pour les élèves, par suite des vives impressions qu'ils doivent en recevoir.

On peut, le samedi, sur la fin de la leçon d'écriture, s'en tenir à faire aux élèves qui écrivent sur des cahiers préparés, ces questions : Combien de phrases avez-vous copiées cette semaine ? Dites la 1re, la 2e, etc., ou bien celle qui commence par telle ou telle lettre, si les premiers exercices de phrases commencent par la série des lettres majuscules.

Il convient de faire aux élèves, sur les phrases reproduites de mémoire, une réflexion qui les éclaire sur le vrai sens de chacune d'elles et les dispose à en suivre le conseil. Il faut, en outre, récompenser toute bonne réponse, au moins d'une parole de satisfaction.

Aux élèves avancés qui travaillent d'après des modèles détachés, on pourra se borner à leur adresser cette double question : Avez-vous interrogé votre modèle ; que vous a-t-il dit ou appris ? De ces questions sous cette forme, il résultera des réponses aussi instructives qu'intéressantes pour tout maître qui tient au progrès moral de ses élèves.

La première fois que l'idée me vint de m'assurer, chaque semaine, des impressions que mes élèves recevaient des textes des modèles, l'un d'eux, à qui j'adressai cette question : avez-vous interrogé votre modèle ; que vous a-t-il dit ? me répondit avec une naïveté enfantine : « *Il ne m'a rien dit ; il ne parle pas.* »

Pour que le bon modèle même puisse concourir sûrement à l'éducation, il importe donc, comme on voit, de le faire parler, afin qu'il ne soit pas une lettre morte ; il faut, de plus, habituer les élèves à méditer la pensée morale ou la vérité religieuse que renferme un texte, comme on respire le doux parfum d'une fleur. La copie réitérée des modèles, si elle est l'objet des soins et des divers exercices indiqués, contribuera plus qu'aucun autre exercice à leur donner cette salutaire habitude. Alors, les textes et les lectures appropriés au jeune âge pourront, avec les instructions spéciales que les élèves reçoivent, développer dans leurs jeunes cœurs tous les bons sentiments, et préparer ainsi à Dieu des chrétiens fervents, aux familles des enfants respectueux et reconnaissants, à la société des membres vraiment utiles (1).

---

(1) Par le *Calendrier moral* de la jeunesse et par les *Souvenirs* de classe, M. Taiclet a eu en vue, comme par la *partie morale* de la Citographie, d'aider à atteindre ce noble but. (Note de l'éditeur.)

DIXIÈME CONFÉRENCE.

—

De la lecture des textes en caractères d'écriture.

La plupart des caractères d'écriture différant beaucoup, sous le rapport de la forme, des caractères d'imprimerie, il n'est pas possible que l'enfant qui connaît seulement les lettres imprimées, puisse reconnaître que telle ou telle lettre manuscrite est un *a* ou un *b*, surtout s'il ne les a pas entendu nommer.

Les enfants ne peuvent, en effet, comprendre que les lettres de forme imprimée qu'ils ont vues sur un tableau ou dans un livre, et celles qu'on les exerce à tracer sur l'ardoise ou sur le papier, aient le même *nom* et la même *valeur* dans la lecture, par leurs combinaisons représentant les mêmes syllabes, les mêmes mots.

De là vient que beaucoup d'enfants écrivent souvent fort longtemps sans connaître ni le nom ni la valeur des figures qu'ils exécutent. Peut-il en être autrement quand on se borne à mettre un modèle sous les yeux des commençants en se contentant d'une *imitation machinale ?*

Par aucune méthode de lecture, l'enfant n'est mis en état de lire le caractère d'écriture. Cependant, cette connaissance n'est pas seulement une nécessité pour tout élève ; c'est encore, pour l'instituteur, le seul moyen d'assurer à tous les élèves des exercices devenus plus intéressants par le développement des leçons de morale et de religion renfermées dans les textes des modèles.

Il est donc regrettable que les méthodes de lecture, en usage dans les écoles primaires, ne favorisent pas mieux la lecture des textes écrits ; surtout que, jusqu'à ce jour, la *Citographie* et les *cahiers préparés* d'après cette méthode aient seuls *en vue de faciliter cette lecture, en dirigeant pour ainsi dire instinctivement maîtres et élèves.*

C'est donc avec beaucoup de raison que *M. Matter, inspecteur général de l'instruction publique*, a dit, en parlant des méthodes :

« Toute méthode isolée d'écriture est défectueuse. Tracez les
» lettres et nommez-les ; passez aux syllabes ; des syllabes aux
» mots et des mots aux phrases, et vous aurez enseigné ensemble
» la *lecture*, l'*écriture*, l'*orthographe* et la *grammaire*. »

Sans cette gradation, qui peut seule hâter la lecture manuscrite, les meilleurs textes ne seraient encore pendant longtemps
qu'une lettre morte pour les élèves.

Aussi n'est-il pas rare de trouver des élèves, même dans les
classes les mieux dirigées, ne pouvant *lire ni l'écriture toujours
très lisible des modèles, ni leur propre écriture* bien que ces
élèves sachent lire facilement l'imprimé, et que l'exécution même
des exemples d'écriture leur soit familière depuis longtemps.

Est-il étonnant, dès lors, que, dans beaucoup d'écoles, les premières leçons d'écriture seules aient quelque attrait pour les élèves?

Est-il surprenant qu'un si petit nombre de personnes, quelle
que soit la méthode d'après laquelle elles aient été dirigées, doivent
aux modèles d'application un peu d'orthographe usuelle, la connaissance de quelques préceptes utiles, celle de quelques pensées
morales? Cependant, les leçons d'écriture durent des années entières pour le plus grand nombre des enfants; et ces leçons, qui
commencent de bonne heure, et, par suite, se répètent tant de
fois; qui se prennent pourtant si volontiers quand elles sont bien
données, sont beaucoup plus propres, même que celles de lecture, à graver dans le cœur et dans l'esprit la série des préceptes
appropriés à la jeunesse : elles lui communiquent sûrement des
idées, et facilitent, par l'acquisition de ces idées élémentaires,
matériaux indispensables, ces petites compositions françaises par
lesquelles il est si désirable de voir compléter les études orthographiques dans les écoles primaires.

Il est donc très important que les enfants sachent au plus tôt
lire l'écriture.

D'où vient donc la difficulté que présente la lecture de ce caractère?

La difficulté que les élèves éprouvent à lire l'écriture est un
fait qui peut avoir échappé à bien des personnes, mais que tout
instituteur a certainement remarqué. Quel est le maître à qui n'a
pas été adressée cette observation? « Mon fils écrit passablement;
mais il ne sait pas lire l'écriture. »

Cette difficulté a plusieurs causes : elle n'est pas seulement pro-
duite par la différence de forme des caractères; elle l'est bien
plus encore par leur assemblage, que les commençants considèrent,
les uns comme un *simple groupe*, s'ils en connaissent les lettres,
les autres comme un *dessin* où ils ne voient et ne cherchent
autre chose que des traits, surtout si, pendant les premières leçons
d'écriture, ils n'ont pas appris la valeur des lettres qu'ils formaient. Dès lors, comment est-il possible que l'enfant, *s'il n'y est*

exercé, voie une SYLLABE dans la réunion d'une consonne et d'une voyelle manuscrites, et qu'il comprenne, d'un autre côté, que deux caractères d'écriture, par exemple *va*, doivent et puissent produire le même *effet* que les deux lettres correspondantes *VA*, en caractères d'imprimerie?

Qu'on essaye de faire lire, même aux élèves avancés, des syllabes formées de lettres capitales, et l'on se convaincra de la difficulté.

Ce n'est donc que par la comparaison des deux genres d'écriture, par des exercices méthodiques pour les lettres et pour les syllabes surtout, que peut être levée la difficulté signalée. Elle obtiendra certainement toute l'attention des instituteurs; et dès lors s'opérera promptement et sûrement une réforme, non-seulement favorable aux progrès en écriture, mais encore avantageuse à toute l'instruction de l'enfance.

En effet, l'écriture n'étant plus pour l'élève une exécution machinale, il copie avec fruit; il lui est possible de retenir les lettres d'un mot qu'il sait déchiffrer; il n'est plus obligé, à chaque lettre qu'il doit exécuter, de s'arrêter pour regarder son modèle. Aussi son écriture, loin de devenir défectueuse quand il passe aux applications, peut-elle s'améliorer progressivement, et les bons textes deviennent un aliment pour l'intelligence et pour le cœur.

Il convient donc que les enfants apprennent à connaître les lettres manuscrites en même temps qu'ils apprennent à les former; qu'ils sachent bien les distinguer dans un modèle, même les écrire sous la dictée sans hésitation et sans efforts de mémoire, quand ils passent aux syllabes, aux mots et surtout aux phrases.

Par conséquent, pour que les leçons d'écriture puissent au plus tôt être à la fois intéressantes et instructives, il importe que les élèves acquièrent en même temps que la forme des caractères:

1° Le nom de chaque lettre;

2° La facilité de nommer toute lettre montrée, comme aussi de reproduire toute lettre dictée;

3° L'intelligence de la syllabe manuscrite;

4° Le moyen de copier en caractères d'écriture les caractères imprimés. (1)

Tout maître atteindra facilement et sûrement ce but : 1° en nommant les lettres qu'il trace devant les élèves; 2° en faisant usage de cahiers préparés et de modèles où se trouvent placés au-dessus

______

(1) Voir, à ce sujet, les *Exercices comparatifs* que présente la couverture des premiers cahiers préparés d'après la *Cilographie*.

des lettres isolées, au-dessus des syllabes et des mots en caractères d'écriture, les mêmes lettres, les mêmes syllabes, les mêmes mots en caractères d'imprimerie; 3° en faisant copier aux enfants, dès qu'ils en sont capables, un peu de texte imprimé, d'abord avec un modèle sous les yeux, ensuite sans modèle. Par là, l'écriture ne sera plus seulement une occupation de pure imitation, mais un travail de réflexion, une exécution intelligente, une préparation des plus utiles aux exercices d'orthographe.

Par ces simples procédés, un moyen facile et fréquent de comparer les deux formes est offert à l'enfant; il sait, ou du moins il est mis à portée de savoir ce qu'il fait: car il connaît les lettres de forme imprimée lorsqu'il commence à écrire ou à tracer des lettres; et, comme il prend goût à une chose qu'il conçoit et dont il se rend compte, ses efforts ne tardent pas à être suivis de résultats; ses premiers succès lui causent un plaisir qui le stimule de la manière la plus salutaire.

Par cette innovation, l'enfant apprend aisément, vite et sûrement à connaître la valeur des lettres, des syllabes et des mots qu'il trace : il peut ainsi savoir lire l'écriture aussitôt que le caractère imprimé. Cela se fait même, en quelque sorte, sans le secours du maître; surtout si l'élève a reçu, sur le tableau, quelques *leçons spéciales* ayant pour but de lui faire comprendre que l'*effet* d'une même combinaison de lettres doit toujours être le même, que les lettres en soient manuscrites ou imprimées.

Par la démonstration au tableau et par les lettres de forme imprimée mises au-dessus des lettres écrites, on prévient, en outre, deux inconvénients que produisent les procédés des méthodes isolées d'écriture et l'enseignement muet: *l'hésitation qu'éprouvent les élèves à retracer en caractères d'écriture les caractères d'imprimerie, et la difficulté de reproduire sous la dictée; les caractères d'écriture dont ils n'ont que rarement entendu prononcer le nom.*

Les élèves bien dirigés n'éprouvent plus ces inconvénients. En effet, ayant pu comparer bien souvent les deux formes, la *vue* de la lettre imprimée du texte leur rappelle aussitôt la forme manuscrite qui y correspond ; ils peuvent ainsi la reproduire à l'instant. Il en est de même pour les lettres *dictées* : ayant à la fois vu tracer et entendu nommer les lettres, l'enfant représentera sans hésitation toutes celles qui lui seront dictées; il pourra ainsi écrire de bonne heure sous la dictée et copier du texte imprimé sans faire un mélange des deux formes, comme l'indiquent ces mots:

manger, janvier, faucher, *noix*.

Plus d'un maître observateur a pu remarquer des mots écrits de cette manière dans les premiers devoirs des enfants même intelligents.

Une méthode isolée d'écriture est donc réellement défectueuse, comme l'a dit M. MATTER; et, par suite, peu convenable pour les écoles primaires: une méthode destinée à l'enseignement public ne doit pas seulement avoir pour but de mettre les élèves en état d'écrire, vite et bien, dans le moins de temps possible; elle doit encore être combinée de manière que les exercices de calligraphie soient tout à la fois des leçons *d'écriture, de lecture manuscrite, d'orthographe* et *de morale.*

Elle offre alors un double avantage. Par ses exercices variés, elle intéresse les enfants, captive leur attention, forme leur esprit, et développe ainsi les dispositions les plus favorables aux études. Par ses applications graduées, elle fournit au maître les moyens de faire concourir les leçons d'écriture à plusieurs autres enseignements utiles, et surtout à l'éducation religieuse et morale.

QUESTION.

Par qui doivent être fournis les modèles d'écriture nécessaires aux élèves?

RÉPONSE.

Pour convenir en tous points à l'enseignement collectif, toute méthode d'écriture ne doit pas seulement diminuer, par son plan, le travail des maîtres; mais encore offrir à tous, par sa combinaison, le moyen de donner l'enseignement de l'écriture de la manière la plus économique, les frais des modèles étant supportés par les communes ou par les parents.

Les instituteurs ne doivent pas supporter ces frais; tous, au contraire, devraient être affranchis de la dépense qu'occasionne la fourniture des modèles nécessaires aux élèves, dépense encore laissée à leur charge par trop de communes, et, chose étrange, précisément par celles dont l'instituteur a les plus faibles émoluments: car dans toutes les grandes villes, cette fourniture est faite par l'administration communale.

Cette question paraît avoir été l'objet d'une attention sérieuse de la part d'un Inspecteur d'Académie, M. WILLM, auteur de l'*Essai sur l'éducation du peuple.* « Les modèles d'écriture, dit-

il, devraient partout faire partie du matériel obligé de l'enseignement; » ce qui signifie clairement que les communes doivent les
fournir.

Cela se fait généralement dans les départements de l'Est. Sur
les instances de MM. les Inspecteurs primaires, les communes,
depuis longtemps déjà, portent annuellement au budget la somme
que peuvent nécessiter les modèles d'écriture.

Beaucoup de personnes croient encore que l'instituteur doit fournir les modèles d'écriture; mais il n'y est raisonnablement pas plus
obligé qu'il n'est tenu de procurer à ses frais l'*encre*, les *plumes*,
les *cahiers préparés*, etc. Les modèles d'écriture, comme les tableaux de lecture, constituent un matériel, et, à ce titre, ne doivent
être au compte ni du maître ni des élèves.

Et cependant, si une commune ne consent pas à consacrer des
fonds pour cet objet, que doit faire le maître ?

Maintenant que les services rendus par les instituteurs sont justement appréciés, et que les écoles sont partout l'objet de la plus
vive sollicitude, toutes les communes doivent être disposées à seconder les vues des autorités qui dirigent ou surveillent l'instruction primaire ; il suffira certainement que le Maire soit éclairé sur
ce point, pour que ce magistrat favorise une mesure qui est
déjà presque générale. Il n'est d'ailleurs pas un Préfet qui n'ap-
prouve la dépense faite par une commune pour l'acquisition d'une
méthode d'écriture autorisée, surtout si elle est recommandée par
le *Conseil académique*.

Si néanmoins une commune se refusait à faire ce qui est de
toute justice, les parents devraient alors payer les exemples utiles
à leurs enfants, aussi bien que les cahiers blancs ou préparés.
Voici, à ce sujet, divers moyens en usage ; on pourra employer
celui qui semblera le plus convenable :

Dans les établissements de second ordre, tels qu'*écoles normales,
noviciats, colléges, écoles industrielles, pensionnats*, on fait généralement prendre aux élèves un exemplaire de la méthode adoptée;
mais cela ne peut ni ne doit se faire dans les écoles élémentaires.
D'abord, parce que cela entraînerait une dépense au-dessus des
ressources du plus grand nombre des familles ; ensuite, parce
que les cahiers ou les modèles laissés entre les mains de jeunes enfants seraient bientôt mis hors de service.

Aussi, dans la plupart des écoles non gratifiées encore par les
communes des objets que réclame l'enseignement complémentaire
de la calligraphie, les instituteurs ne font-ils acheter que successivement aux élèves les diverses parties de la méthode. Dans

d'autres, on ne fait acheter les modèles de chaque genre qu'un à un, ce qui finit néanmoins par être encore onéreux pour beaucoup de parents.

Dans aucun cas il ne convient, toutefois, que les modèles soient à la disposition des élèves ; partout, il est nécessaire que les exemples restent à l'école, afin qu'ils puissent être, après chaque leçon, serrés avec soin dans autant de *porte-modèles* que l'école compte de divisions écrivant sur le papier.

C'est aussi pour cause tout à la fois d'économie, de propreté, et même de progrès, que, dans beaucoup d'écoles, les élèves sont obligés de laisser en classe leur cahier d'écriture. Une fois par semaine seulement, le jour de la composition, il leur est permis de l'emporter, afin que les parents puissent examiner le travail de leurs enfants.

Loin qu'il y ait avantage, ainsi que le prétendent certains auteurs, à laisser les cahiers d'écriture entre les mains des élèves, l'expérience prouve qu'il en résulte plus d'un inconvénient. Les cahiers, enfouis dans le carton de chaque élève, pêle-mêle avec les livres, les plumes, etc., sont bientôt froissés, déformés, au point qu'il est rare que les enfants prennent plaisir à les achever convenablement. Que sera-ce donc si ces cahiers, disposés à l'avance, ont été réglés avec modèles en tête, ou bien renferment des tracés et des modèles en couleur, destinés à être repassés à l'encre ?

On dit, au sujet de ces cahiers, que les élèves, rentrés dans leurs familles, peuvent s'appliquer à l'écriture ; cela est vrai : ils sont engagés, excités même à écrire. Mais qu'on n'oublie pas que les enfants ne sont plus alors ni conseillés ni surveillés, ou qu'ils le sont mal : car, à un petit nombre d'exceptions, les parents sont inhabiles à s'occuper de leurs enfants sous ce rapport. On ne peut donc qu'arriver aux mauvaises pages, aux *lignes gaspillées,* qui défigurent tout un cahier, et qui attirent un jour ou l'autre à l'instituteur des observations ou des reproches, lorsqu'il a cru ne mériter que des éloges pour ses soins envers ses élèves.

Voilà quant à la propreté et aux progrès. Pour l'économie, on a constaté que les enfants en possession de cahiers d'exercices à repasser ou à imiter, cèdent facilement à la tentation d'essayer au plus tôt chaque sorte de tracés ; et qu'ils remplissent en quelques jours, parfois en quelques heures, un cahier destiné aux exercices de toute une semaine.

Les cahiers préparés, aussi bien que les modèles, doivent donc être conservés à l'école, si l'on veut qu'ils se trouvent toujours dans le meilleur état de propreté, fait très important ; car on sait aussi qu'un cahier souillé, comme un modèle couvert de *taches d'encre*, ne dispose plus les enfants à soigner leur écriture, malgré les recommandations faites à cet égard.

Quant à la dépense des modèles, chacun des moyens déjà indiqués étant plus ou moins coûteux pour les familles, en voici un qui est à la fois très économique, de plus, très convenable, et qui prouvera, contrairement à une opinion que certaines personnes intéressées cherchent à faire prévaloir près des instituteurs et des institutrices, que l'enseignement de l'écriture donné aux élèves avancés, d'après le modèle détaché, est le moins coûteux pour les familles.

Dans le cas où une commune n'accorderait pas les modèles à l'école, on achèterait alors le nombre d'exemplaires nécessaires de la méthode qu'on se propose de suivre ; on diviserait le montant de la fourniture par le nombre des enfants payants (s'il n'était rien fait même pour les élèves gratuits) qui écrivent ; et l'on trouverait, par là, facilement ce qu'on doit demander à chacun pour tel objet.

Si cette méthode renferme, pour chaque classe, un certain nombre de modèles d'application en tous points semblables pour la forme de l'écriture, la grosseur du caractère et l'écartement des lignes, la dépense pour chaque élève peut se réduire par année à 20 ou 25 centimes ; et même à 10 ou 15 au plus, si l'on prend les soins nécessaires des modèles.

C'est dans ce but que les méthodes d'écriture qui sont bien appropriées à l'enseignement et aux besoins des écoles, n'offrent pas seulement des modèles *cousus ensemble ;* mais présentent, dans des cahiers différents, ceux de *cursive,* de *ronde,* de *gothique,* de *bâtarde,* et même les modèles de principes pour la Cursive dans un premier cahier distinct et séparé. Tout instituteur peut ainsi prendre les seuls genres qu'il enseigne, et laisser les autres qui, ne devant pas lui servir, seraient l'objet d'une dépense inutile. Il peut de même se procurer facilement les exemples dont plusieurs semblables lui seraient nécessaires, tels que ceux du premier cahier de cursive, ou remplacer, au besoin, à très peu de frais, les modèles qui s'usent plus vite que les autres, sans qu'il soit obligé de prendre la collection complète de la méthode.

L'enseignement de l'écriture ne sera onéreux pour personne, si les jeunes enfants sont exercés, pendant quelque temps, à écrire sur l'*ardoise,* d'après un tracé sur le tableau noir.

Quelques personnes pensent que l'enseignement de l'écriture, pour les classes avancées, pourrait aussi ne pas être plus coûteux pour les familles que l'enseignement donné aux commençants, d'après l'ardoise, si l'instituteur, par exemple, faisait les modèles. Voici ce qu'on peut leur répondre :

Les *Conférences* ont pour but d'alléger la tâche des maîtres, en leur traçant la marche la plus capable de hâter les progrès des élèves; et, en même temps, de seconder les vues des autorités, en les aidant à obtenir cette *unité de vue et de direction* qui peut seule assurer à notre instruction primaire une méthode normale pour l'enseignement de la calligraphie, et à notre pays une écriture usuelle qui puisse devenir *nationale*.

Aussi, ne peut-on, pour cette double raison, demander à MM. les Instituteurs de faire eux-mêmes leurs modèles.

Dans la *huitième conférence*, des éloges ont été adressés aux instituteurs qui préparent leurs exemples sur ceux de la méthode *approuvée* suivie par eux; et l'utilité de ce travail n'a pas été contestée, puisque cette étude pratique a été reconnue des plus propres à faire acquérir le genre d'écriture de cette méthode, et à pénétrer à fond de la bonté des principes et de la sûreté des procédés de l'auteur.

Mais si l'on doit chercher l'intérêt des parents, à plus forte raison faut-il se préoccuper de celui des instituteurs, si absorbés, en général, par leurs fonctions, et si peu en position de faire des sacrifices : car les modèles, s'ils sont soignés comme il convient, n'exigent pas seulement beaucoup de temps; ils nécessitent encore quelques frais.

Craint-on que les instituteurs ne perdent le goût et l'habitude de la forme graphique? Mais, en traçant et en démontrant l'écriture sur le tableau noir, ainsi qu'en corrigeant celle des élèves, d'après un bon modèle mis sous leurs yeux, n'ont-ils pas chaque jour l'occasion et le meilleur moyen de perfectionner la forme graphique et de se la rendre toujours familière? D'ailleurs, on sait qu'un maître peut former de bons élèves en écriture sans être lui-même calligraphe. A quoi bon vouloir, par conséquent, lui imposer, sans nécessité et sans profit aucun pour son enseignement, une besogne en plus et un travail onéreux?

En résumé, s'il est utile, nécessaire même, que tout maître exécute les exercices et copie les modèles d'une méthode nouvelle, s'il veut l'appliquer tout d'abord avec assurance et succès, on ne peut, toutefois, raisonnablement demander, et moins encore exiger, que les instituteurs, déjà si occupés, se livrent encore à l'exécution des modèles, à un travail qui ne peut absolument rien leur apprendre; tandis qu'ils peuvent employer toujours très utilement leurs courts instants de loisir au profit de toute leur classe, soit en préparant ou corrigeant des devoirs, soit en étudiant les méthodes d'éducation, soit, enfin, en approfondissant les divers procédés d'enseignement.

ONZIÈME CONFÉRENCE.

—

Des compositions d'écriture.

Rien n'est propre à éveiller chez les enfants une salutaire émulation, à rendre leurs efforts persévérants, comme un système de composition sagement entendu, ayant en vue d'exciter à la fois le goût des élèves pour le travail, et leur amour pour les progrès.

Il convient donc que, dans chaque école, tous les élèves, les petits comme les grands, composent en écriture une fois par semaine.

Il y a deux manières de stimuler les élèves par cet exercice : 1° en faisant composer ceux de la même division, c'est-à-dire de même force ; 2° en réunissant, comme si elles ne formaient que deux grandes classes, les différentes divisions qui écrivent sur l'ardoise ou sur des cahiers préparés, et celles qui écrivent sur le papier, en admettant les élèves de chacune d'elles à concourir pour les premières places.

Cette sorte de composition a un double avantage : elle excite chez les uns la crainte de descendre, chez les autres le désir de monter ; et elle permet au maître de mieux juger du mérite relatif. Elle doit être préférée pendant le premier mois de la rentrée, c'est-à-dire tant que l'on revoit les principes et les exercices généraux de cursive, que les élèves peuvent tous exécuter, sinon aussi bien, du moins exactement ou à peu près. Le classement des élèves se fait alors plus facilement et plus judicieusement.

Cette composition peut également avoir lieu une fois par mois, pendant toute l'année, surtout à Pâques et un peu avant la fin de l'année ; en un mot, chaque fois qu'on veut classer rigoureusement les élèves par ordre de mérite, ou qu'on éprouve le besoin de les stimuler plus vivement.

Mais pour qu'elle puisse se faire dans toutes les conditions désirables, il convient que les élèves copient tous les mêmes lettres ou les mêmes groupes de lettres, si c'est une composition de principes ; les mêmes mots ou le même texte, si c'est une composition d'application.

Les compositions hebdomadaires se font sur l'ardoise et sur les cahiers; mais les compositions mensuelles, surtout si elles sont conservées, doivent être faites sur des feuilles volantes, uniformes pour le format, et pour la disposition des tracés, qui doit être la même au moins pour les élèves de chaque division.

Les compositions les mieux soignées ne plaisent qu'autant qu'elles présentent ces conditions d'ordre et de goût.

Il convient également que la page de chaque élève porte toujours en tête la *date*, à gauche ses *nom* et *prénoms*, et à droite *la classe* dont il fait partie.

Malgré les moyens d'émulation mis en usage, malgré même les soins incessants du maître, il se trouve dans toutes les écoles des élèves qui ne font rien ou presque rien. Ces élèves ne manquent pas toujours de dispositions ; ils ne manquent souvent que de bonne volonté : ce sont, par conséquent, ceux qui demandent à être le mieux surveillés et le plus encouragés.

Il en est de ces élèves comme de ceux qui ont l'esprit peu ouvert : ils ne font rien, s'ils ne sont l'objet de quelques soins particuliers, de quelques démonstrations spéciales.

Aussi, au lieu de passer rarement près des élèves qui écrivent mal ou qui ne soignent pas leur écriture, ou de s'arrêter près d'eux moins qu'auprès des autres, est-il convenable d'y passer plus souvent et de s'y arrêter plus longtemps.

Il convient aussi de ne pas leur répéter à chaque leçon, même quand il y a lieu : *c'est mal ; ce n'est pas bien ; vous ne faites aucun progrès ; vous ne ferez jamais rien.* Un maître gagne toujours plus en excitant l'ardeur des élèves, qu'en étouffant leurs efforts ; ce qui arrive nécessairement quand on leur ôte jusqu'à l'espoir de pouvoir jamais bien faire.

L'expérience a prouvé qu'une bonne parole, dite d'un ton bienveillant, a souvent suffi pour opérer instantanément, chez bien des élèves, un heureux changement dans l'application, dans la manière de travailler, dans la conduite même.

Un autre point, peut-être trop négligé, c'est qu'on ne profite pas toujours comme il conviendrait des compositions, pour exciter la bonne volonté chez les élèves *paresseux* et *indifférents* : la chose est cependant possible, même facile. Ainsi, au lieu de laisser toujours à la même place, c'est-à-dire à la dernière, l'élève qui, faute d'attention, écrit mal, qu'on lui montre seulement le désir de pouvoir lui donner un place meilleure ; et l'on verra souvent se révéler chez lui une ardeur pour le travail et une disposition pour l'écriture, dont on ne le croyait pas capable. Rien ne touche les enfants, rien ne les porte à bien faire, comme le désir ostensible du maître de les avancer.

Ne voit-on pas fréquemment des élèves qui non-seulement ne faisaient absolument rien depuis longtemps, mais qui ne croyaient même plus ni à la possibilité de faire mieux, ni à celle d'avancer, arriver assez promptement de la dernière place à la première, lorsqu'on a su les électriser, ou lorsqu'on est parvenu à les convaincre qu'ils n'étaient ni haïs ni oubliés.

La première place doit toujours être accordée à la plus belle page, c'est-à-dire au mérite : sinon, on expose les bons élèves au découragement. Mais on peut toujours, sans aucun inconvénient, donner une place meilleure à une page qui se trouve classée parmi les dernières de la division, surtout si l'élève a montré plus d'ardeur, et si son cahier est mieux tenu.

En écriture, il ne faut pas récompenser seulement le beau travail, dû à des dispositions naturelles ; on doit encore encourager le bon travail, dû à la bonne volonté et à des efforts soutenus.

Tous les élèves ne possèdent pas une grande facilité d'exécution ; mais tous peuvent observer les principes enseignés (les *traits qui précèdent les lettres, les liaisons finales*), chose généralement si négligée, et donner à leurs lettres la même forme que celles des modèles : c'est là ce qu'on n'obtient que très difficilement, une fois que les élèves font des devoirs et qu'ils écrivent sous la dictée.

Il est bon, il est donc nécessaire même que les premières places ne soient pas toujours réservées aux élèves qui se distinguent par une *exécution facile et élégante* ; mais qu'elles soient données de temps à autre à ceux qui se font remarquer par l'observation des formes et des principes démontrés, et par un travail réfléchi. De cette manière, les mains les moins heureuses peuvent aussi espérer obtenir les places d'honneur, et les encouragements qui y sont attachés.

Il ne faut jamais laisser trop longtemps dans une même classe l'élève qui est habituellement le premier dans les compositions : on le fait passer au plus tôt dans une division supérieure.

S'il se trouve un tel élève dans la classe avancée, on ne doit pas le mettre hors de concours ; mais on accorde alors deux places de premier. Il est toujours du plus heureux effet d'agir ainsi quand, dans une division, plusieurs élèves ont également bien fait leur page.

On doit, sans trop tarder, faire descendre dans une classe inférieure tout élève qui est constamment le dernier ou qui ne s'applique pas.

Les élèves venus d'autres écoles ou formés d'après une autre méthode, ne doivent pas, bien que leur écriture soit différente, être placés invariablement les derniers de leur division ; il convient, si leur composition est bien exécutée, de les traiter et de les encourager comme les autres élèves.

Il existe encore d'autres moyens d'exciter l'émulation des élèves, et de réveiller chez eux des dispositions pour la calligraphie.

Dès que les enfants ont vu les diverses grosseurs de la *Cursive*, il importe qu'ils composent alternativement en *moyen*, en *fin* et en *expédiée*. On peut même demander que la même page présente une ou plusieurs lignes de chaque grosseur, avec les *majuscules* au bas.

On agira de même pour les autres genres d'écriture. Cela est d'autant plus nécessaire que tel élève, qui fait le mieux en *Cursive*, fait souvent le moins bien en *Ronde*, en *Gothique*, etc.

Toutes les aptitudes, tous les goûts sont ainsi encouragés, et, par suite, tous les efforts récompensés.

Un point important encore, c'est que les notes et les places soient bien données ; et la chose n'est possible que si l'on apporte à l'examen des pages d'écriture, outre une grande attention, la connaissance raisonnée de la forme graphique.

Voici comment il convient de procéder pour le classement.

On examine successivement les compositions de chaque classe, en commençant de préférence par celles de la division inférieure. Un visiteur expérimenté procède de même : il commence toujours son examen par les élèves les plus faibles, afin d'augmenter l'intérêt, de rester sous un sentiment vrai et équitable relativement au mérite de chaque division en particulier et à celui de l'école en général.

On place les pages sur des tables rapprochées les unes des autres, afin de faciliter, par la comparaison, l'examen de chacune d'elles. Cet examen se fait de deux manières : d'abord par le travail des yeux, ensuite par le travail de l'esprit.

Les pages qui flattent et satisfont le plus l'œil exercé sont les meilleures ; elles renferment nécessairement le moins d'irrégularités de détail. Les pages qui, au contraire, choquent l'œil expérimenté, sont les moins bonnes ; elles contiennent évidemment le plus de défauts concernant soit la forme des lettres et la force du plein, soit la pente de l'écriture, la hauteur et l'ouverture des boucles, la longueur et la disposition des queues.

L'œil désigne donc tout d'abord les meilleures pages, et détermine, par suite, le premier classement, le plus facile. Mais, comme plusieurs compositions peuvent plaire également, il faut ensuite, avant d'en arrêter le classement définitif, les juger non plus seulement sous le rapport de l'ensemble, mais sous le rapport des divers éléments.

Ce travail est toujours rendu plus facile pour le maître, lorsque la méthode suivie présente les lettres en plusieurs séries : les *principes généraux* et, par suite, les *défauts principaux* d'exécution et de forme, se trouvent alors réduits, pour ainsi dire, à quelques-uns seulement.

Il est des défauts qui sont peu de chose ; ce sont ceux qui résultent d'un peu plus ou moins de pente, des pleins plus ou moins forts, des boucles et des queues d'une proportion trop faible ou trop forte. Ces légères imperfections ne peuvent empêcher que le *corps d'écriture*, point essentiel, ne soit satisfaisant pour la bonté de l'exécution. Mais il est des défauts qui sont graves : c'est tout d'abord une *grande inégalité* dans la forme des mêmes caractères de telle ou telle série ; dans la pente, la largeur et la hauteur des lettres ; dans les dimensions des mêmes caractères, qui dépassent en dessus ou en dessous du corps d'écriture. C'est ensuite un écartement peu naturel entre les lettres et les mots ; trop de rondeur dans les liaisons, et surtout une écriture non liée ou formée de caractères exécutés en plusieurs fois, tels que ceux des lettres :

a, d, g, h, k, m, n, p, q, r, u, x, y, z,

composées chacune de deux ou trois parties qui demandent à être tracées d'un seul jet, sans interruption aucune.

Le classement d'un certain nombre de pages d'écriture, surtout si le texte et le tracé ne sont pas les mêmes, peut être difficile, embarrassant même pour certaines personnes ; mais il devient promptement facile et sûr à tout maître qui a bien étudié la forme graphique.

QUESTION.

Quelle doit être, en écriture, la part de l'enseignement oral ?

RÉPONSE.

Les élèves ne font généralement bien que ce qu'ils font volontiers, les adultes comme les enfants. Il importe donc, avant toute chose, de leur faire aimer l'exercice d'écriture ; ce qui est d'autant plus facile qu'il a pour eux beaucoup d'attrait dès les premières leçons.

Pour obtenir ce résultat, trois choses sont à observer, quelle que soit d'ailleurs la bonté de la méthode que l'on suive : 1° exciter sans cesse la bonne volonté des élèves ; 2° surveiller avec intérêt leur travail quotidien ; 3° encourager toujours leurs efforts, leurs progrès.

Chacun sait que tout orateur s'applique à bien disposer, dans son exorde, les auditeurs qui viennent l'entendre ; chacun sait aussi par soi-même que de cette impression première, si elle est favorable, résultent les succès. C'est donc ainsi que doit procéder tout instituteur, tout professeur chargé de faire des cours publics. Quoi de plus capable, en effet, d'intéresser les élèves, d'éveiller leur attention, de provoquer leur confiance, que quelques paroles qui touchent et éclairent, adressées à tous au commencement de la leçon ? Quoi de plus propre à soutenir l'ardeur des élèves pour l'étude, que la sollicitude persévérante du maître pour leur avancement ?

Faire sentir l'utilité des leçons, n'est-ce pas les faire désirer, y attacher les élèves ? Leur en faciliter l'application par des conseils qui guident et dirigent, n'est-ce pas hâter et assurer leurs progrès ?

Cependant, l'écriture est encore enseignée, dans certaines écoles, d'une tout autre manière : ici, on se contente de remettre aux élèves des modèles ou des cahiers préparés, souvent même sans venir en aide à l'exécution et à l'imitation ; là, on trace, il est vrai, sur le tableau noir les exercices à l'étude, mais sans aucune explication orale qui captive et fixe l'attention, quelquefois même sans aucune démonstration qui parle à l'esprit en même temps qu'aux yeux.

Est-il étonnant que l'enseignement de l'écriture, ainsi donné, trouve les élèves froids et indifférents ; et que les cahiers et les pages d'écriture laissent à désirer ? Il y a longtemps qu'on a dit que le travail sans application est comme une roue qui tourne sans avancer.

En toute chose, pour réussir, la connaissance des principes ou des règles est absolument nécessaire ; les élèves doivent les connaître et les avoir toujours présents à l'esprit. Pour cela, il faut les rappeler souvent, et même bien souvent. Ainsi, tout en s'efforçant de faire aimer les leçons d'écriture, il faut commencer chaque leçon par montrer ou rappeler de vive voix comment on doit tenir le corps, le cahier, la plume ; et faire, de plus, toutes les recommandations concernant *la forme* et *l'exécution*.

Ces conseils, si nécessaires aux élèves, si propres à les bien disposer pour le travail, ne suffisent cependant pas ; il en faut encore surveiller attentivement l'application, en passant près de tous, afin d'empêcher les mauvaises habitudes.

Il est, en effet, bien difficile d'obtenir que les élèves, même les plus dociles, observent ce qui leur est recommandé, sous le rapport de la position du corps surtout. Voici comment tout maître peut prévenir ou combattre les mauvais effets de cette disposition.

Une fois par semaine, le lundi, par exemple, la surveillance de l'instituteur devra avoir plus particulièrement pour objet la position du corps et du papier, la tenue de la main et de la plume, chose généralement un peu négligée.

On rappelle aux élèves, au commencement de la leçon, les conseils qu'ils doivent connaître et observer ; et on les prévient, en les stimulant par quelques mots d'encouragement, qu'ils seront surveillés à cet égard pendant toute la durée de l'exercice.

On peut aussi, et souvent avec plus d'avantages, n'appeler l'attention des élèves, d'une manière spéciale, que sur un seul point à la fois : d'abord, sur la position du corps, puis sur celle du cahier, ensuite sur la tenue de la main, et un autre jour sur celle de la plume. Il est bien entendu que maître et élèves donneront en même temps tous leurs soins à la forme graphique.

Rien n'est plus utile que cette surveillance, ainsi exercée, au commencement de la leçon : elle éclaire l'instituteur sur les dispositions des enfants ; lui apprend ce qui est à faire pour les uns, ce qu'il y a à réprimer chez les autres ; et, par suite, lui fournit le moyen de donner à chacun d'eux, en corrigeant l'écriture, les conseils particuliers dont il peut avoir besoin.

Les enfants ne peuvent apprécier tous les avantages d'une position convenable, toute l'utilité d'une bonne écriture. La plupart ne s'inquiètent plus de la forme graphique, dès qu'ils sont parvenus à tracer quelques mots ; à leurs yeux, le but est atteint : ils savent écrire. Ils ne sont plus stimulés que par la manière dont l'écriture leur est démontrée, et par la nature des encouragements qui leur sont accordés.

Rien n'excite plus vivement l'ardeur des élèves que quelques bonnes paroles prononcées à propos. Après avoir présenté le travail sous une forme intéressante, elles ont encore pour effet d'entretenir l'émulation de tous en encourageant les efforts de chacun.

DOUZIÈME CONFÉRENCE.

—

Des transparents, du calque, des cahiers préparés.

Si l'on considère que l'écriture est, avec la lecture, la base de toute instruction, l'élément indispensable de l'acquisition des autres connaissances, on sentira combien il importe que l'enseignement en soit combiné de manière à rendre les progrès certains, rapides et continus.

Bien des efforts ont été faits dans ce but; mais aussi longtemps qu'on se borna à n'employer que le procédé basé sur l'imitation, il fut bien difficile de donner avec fruit cet enseignement aux plus jeunes élèves. Avec des élèves d'un certain âge, et lorsque le maître surveille avec soin l'exécution des commençants, un pareil procédé, bien qu'il ne soit pas, même dans ce cas, le plus favorable aux progrès, peut amener de bons résultats; mais il offrira toujours de très grandes difficultés d'application lorsqu'il s'agira d'apprendre à écrire à des enfants de six à huit ans. A cet âge, en effet, l'esprit d'observation est nécessairement fort peu développé, et les yeux ne saisissent qu'avec peine la forme et les proportions des lettres. Aussi qu'arrive-t-il? Les élèves sont retenus des mois entiers sur les mêmes exercices, et ordinairement ce n'est qu'après mille essais infructueux, après deux ou trois années d'un travail machinal et rebutant, qu'ils parviennent à écrire d'une manière plus ou moins satisfaisante. Ainsi, par suite de l'emploi d'un procédé mal approprié aux dispositions des enfants, pour avoir commencé de bonne heure on n'est pas arrivé plus tôt, et souvent, au contraire, une écriture lourde et sans grâce demeure la conséquence d'ennuyeux exercices trop longtemps répétés.

De tels inconvénients et de tels résultats ont amené beaucoup de maîtres à penser qu'il vaudrait mieux peut-être ne commencer l'écriture qu'avec les élèves sachant déjà lire couramment. On conçoit qu'alors cet enseignement devienne, en effet, plus facile et que les résultats se fassent moins longtemps attendre; mais un des graves inconvénients de ce système, c'est de faire perdre aux enfants un temps précieux et considérable, qui pourrait être si utilement employé à des exercices écrits d'orthographe et de calcul.

Différents moyens ont été imaginés pour guider les premiers pas des élèves et hâter leurs progrès : on présenta à l'œil des points de repère, on indiqua les pentes et les hauteurs par des transparents, et l'on essaya enfin de faciliter l'étude de la forme par le calque du modèle.

Dans l'origine, les transparents ne servirent guère qu'à dispenser l'élève du soin de tracer son cahier; plus tard, on y ajouta un grand nombre de lignes, les unes déterminant la hauteur des lettres, les autres indiquant. par leur inclinaison et leur distance, la pente, la largeur et l'écartement des caractères d'écriture. Mais ces transparents présentent plusieurs inconvénients qui en rendent l'usage difficile dans les classes, surtout pour les commençants. Ils nécessitent, par exemple, pour être bien visibles, l'emploi d'un papier mince, et avec la tendance des enfants à appuyer sur la plume, un tel papier ne saurait convenir. D'un autre côté, le transparent est mobile, et, par suite, il se dérange souvent; l'enfant ne parvient même pas toujours à le remettre parfaitement dans sa première position ; de sorte que par ce moyen, qui devait assurer la régularité, la symétrie, on obtient quelquefois des résultats tout contraires. Enfin, la distance des lettres entre elles ne peut être convenablement indiquée par des lignes ; car chacun sait qu'il convient de les espacer plus ou moins, suivant leur caractère propre et la manière dont elles sont groupées, si l'on veut que l'écriture présente un ensemble agréable à l'œil.

L'expérience n'a point confirmé, du reste, les avantages que semblaient devoir offrir les transparents. Le procédé du calque, au contraire, voit tous les jours augmenter le nombre de ses partisans, et il n'est point douteux qu'en présence des perfectionnements qu'a reçus l'application de ce procédé, l'usage n'en devienne bientôt général. Tous les instituteurs le connaissent ; beaucoup même l'employaient, tant il se présente naturellement à l'esprit, avant qu'il y eût des cahiers préparés spécialement pour en rendre l'usage à la fois extrêmement plus simple, plus facile et plus favorable aux progrès. Ainsi, quand on savait qu'un enfant ne pourrait arriver qu'après bien des essais infructueux à rendre plus ou moins exactement la forme d'une lettre, que faisait le maître ? Il la traçait lui-même au crayon, un certain nombre de fois, sur le cahier de l'élève, et la main de celui-ci, en suivant avec la plume les traits au crayon, se rendait familier le mouvement propre à l'exécution de cette lettre, de manière à pouvoir la reproduire ensuite de lui-même ou sans autre guide qu'un modèle ordinaire.

On avait imaginé aussi de mettre un corps transparent sur le modèle, et de faire suivre aux enfants, avec une plume sèche ou un crayon, les contours des lettres, afin de leur faire acquérir la connaissance des formes avant de les exercer sur le papier. Mais le verre, souvent employé, était trop cassant, et la corne trop peu transparente. De plus, le poli de ces corps ne permettait pas de suivre exactement les traits du modèle ; et le plus grand inconvénient d'un pareil exercice, c'est qu'il ne tarde pas à devenir ennuyeux pour les élèves, parce qu'il ne laisse aucune trace de leur travail : l'enfant aime à voir et à comparer ce qu'il a fait, et il n'est pas moins essentiel aussi que le maître puisse constater le travail et les progrès de chacun.

Enfin, quelques personnes ont essayé, mais sans grands avantages, de faire calquer le modèle en le plaçant sous la feuille de l'élève. Ici, en effet, nous retrouvons la plupart des défauts que nous avons signalés à propos des transparents. On remarquera d'ailleurs qu'il est indispensable d'habituer *graduellement* les enfants à se passer d'un secours utile au début de chaque exercice, mais qui ne saurait être longtemps prolongé sans compromettre les bons résultats qu'on peut attendre du calque judicieusement employé.

Trouver le moyen d'utiliser les avantages du calque et de faire disparaître en même temps les inconvénients que présentaient ses différents modes d'application, tel est donc le problème qui se présentait naturellement à l'esprit, et qui a été très heureusement résolu, il y a quelques années, par le *calque fixe*, c'est-à-dire par un genre de calque qui consiste à repasser à l'encre sur des exercices imprimés en couleur.

Des expériences nombreuses et décisives ont démontré que le calque fixe est, en effet, le procédé le plus propre à faire acquérir rapidement et sûrement l'habitude d'une bonne exécution ; aussi l'on comprend aisément l'accueil qui a dû être fait à des cahiers tout préparés remplaçant si avantageusement, pour le maître aussi bien que pour les élèves, l'usage des transparents et l'emploi des différents genres de calque dont il vient d'être parlé.

La supériorité incontestable de ces cahiers sur ceux qui sont préparés exclusivement pour l'imitation ne pouvait échapper aux instituteurs ni aux autorités scolaires, et cela explique encore la faveur marquée dont ils ont été l'objet dès leur origine, et qui n'a fait que croître jusqu'à ce jour. Des cahiers d'exercices à imiter, surtout s'ils avaient été établis selon une méthode simple et rationnelle, auraient certainement amené une amélioration importante à une époque où l'on en était réduit, pour l'enseignement de l'écriture dans les écoles, à une déplorable routine ou à des expédients plus ou moins ingénieux, mais dont l'emploi ne pouvait être que fort limité. Aujourd'hui, en présence des progrès réalisés par le calque fixe, il est impossible de reconnaître aux cahiers préparés seulement pour l'imitation aucun autre avantage que celui d'épargner aux maîtres le soin de distribuer des modèles et d'éviter aux élèves la peine de régler leurs pages, tandis qu'ils laissent subsister tout entiers, pour les commençants, les inconvénients de l'imitation pure et simple.

Les cahiers préparés pour le calque fixe offriront d'ailleurs des garanties de succès d'autant plus grandes qu'ils présenteront des exercices mieux gradués et établis selon une méthode plus simple et mieux appropriée aux dispositions du jeune âge. Aussi bien dans les commencements que plus tard, il ne faudrait pas, par exemple, que l'enfant fût assujetti à calquer trop longtemps les mêmes exercices; on tomberait dans un excès qui, loin de favoriser l'attention, conduirait à une exécution machinale et retarderait les progrès. Il convient, au contraire, que, dès les premières leçons, l'élève ait à reproduire par l'imitation ce qu'il aura précédemment exécuté par le moyen du calque, et qu'il soit sûrement conduit à le faire d'une manière satisfaisante par une transition habilement ménagée en passant du premier exercice au second et du second au troisième. Ainsi, le premier exercice de chaque leçon, particulièrement dans le premier cahier, offrira des lettres entières ou des groupes de lettres à calquer : il conduira en quelque sorte l'élève comme la mère conduit par les deux mains l'enfant qui, pour la première fois, s'essaie à marcher. Le second exercice ne présentera plus que des caractères simplement esquissés ou indiqués par des points de direction de moins en moins nombreux : l'élève ne sera plus alors, pour ainsi dire, que soutenu et encouragé. Enfin, le troisième exercice sera d'abord consacré *alternativement* au calque et à l'imitation, puis plus tard à l'imitation seulement; de sorte que l'enfant trouve sans cesse, sur la route qu'il devra parcourir, un guide pour le soutenir ou pour le relever s'il lui arrive de tomber, c'est-à-dire de mal faire une lettre, et qu'il ne soit enfin abandonné à lui-même qu'après avoir été mis sur un chemin connu, dégagé de toutes difficultés.

Si, avec une telle gradation, qui conduit insensiblement et sûrement du calque à l'imitation, l'auteur a observé, dans la succession des leçons, un ordre logique, rationnel, présentant les lettres de l'alphabet disposées en groupes ou séries déterminées non-seulement par *l'analogie des formes*, mais encore par les mouvements semblables plus ou moins difficiles qu'elles exigent, il n'y aura point d'enfant, quelque léger, quelque inattentif qu'il soit (notre propre expérience et les attestations d'un grand nombre d'instituteurs et d'inspecteurs nous autorisent à le dire), qui ne parvienne en peu de temps à écrire couramment et d'une manière aussi satisfaisante que possible.

Le jugement que j'exprime à ce sujet vient d'ailleurs de recevoir une haute sanction de la part des Conseils académiques, c'est-à-dire de corps composés d'hommes éclairés et compétents, et dont les appréciations en tout ce qui touche à l'enseignement font justement autorité. La méthode d'écriture qui a obtenu le suffrage et la recommandation du plus grand nombre de ces Conseils comprend précisément, en effet, des cahiers préparés pour le calque selon les idées indiquées plus haut.

Voici, au surplus, en résumé, l'opinion d'un grand nombre de maîtres qui font usage de ces cahiers, sur les avantages que présente leur emploi dans les écoles :

1º Ils aident à mettre plus promptement dans l'esprit des élèves la forme des lettres et à la faire passer plus sûrement dans la main.

2º Ils rendent aux commençants le travail plus facile, et, par suite, l'étude de l'écriture plus attrayante, surtout lorsqu'ils ne contiennent que des mots usuels et des phrases à leur portée.

3º Ils permettent aux élèves d'apprécier facilement eux-mêmes leur propre travail, avantage qui n'est pas une des moindres conditions de succès.

4º Ils peuvent seuls offrir cette gradation, cette heureuse combinaison qui exerce, stimule et soulage à la fois l'attention de l'élève.

5º Ils assurent au maître le moyen d'obtenir des jeunes enfants des pages d'un aspect symétrique et agréable, surtout lorsque certaines indications appellent, de temps à autre, l'attention de l'élève sur la place que doivent occuper les lettres isolées, les groupes de lettres ou les mots.

6º Ils permettent aux parents de mieux apprécier les progrès de leurs enfants, et rendent plus manifestes à leurs yeux les soins donnés par l'instituteur.

7º Ils suppléent d'ailleurs merveilleusement aux soins directs du maître qui, dans les classes nombreuses, ne peut consacrer que de courts instants à chaque élève; ils n'exigent, pour produire les meilleurs résultats, que quelques démonstrations au tableau noir, une surveillance du travail rendue très facile et permettant au maître d'aider les uns à exécuter une lettre, les autres à corriger un défaut de pente ou de forme.

8° Ils offrent à l'instituteur un excellent moyen de rectifier, chez les élèves avancés, les écritures devenues irrégulières pour une cause quelconque, en les faisant revenir momentanément au calque d'après un cahier spécial résumant tous les principes essentiels à la méthode.

9° Par l'emploi de cahiers préparés pour le calque, et beaucoup plus promptement et plus sûrement que par l'imitation de modèles quelconques, on peut obtenir des élèves-maîtres entrants, dont chacun a souvent une écriture différente, *la plus grande unité dans la forme graphique.* J'ai constaté ce résultat dans plus d'une école normale et dans plus d'un noviciat.

10° Ils permettent à un père ou à une mère de donner eux-mêmes avec succès les premières leçons d'écriture à leurs enfants, ainsi qu'à tout adulte d'améliorer ou de perfectionner plus facilement seul son écriture, surtout lorsque des notes concernant l'exécution et la forme se trouvent, pour le guider, au haut ou au bas de chaque page.

11° Ils constituent à eux seuls une méthode élémentaire, mais assez complète pour que des enfants qui n'auraient pu fréquenter l'école que peu de temps, possédassent néanmoins, en sortant, une écriture suffisamment hardie et correcte et surtout très lisible.

12° Enfin, bien que ces cahiers préparés contiennent quelques pages de moins que les cahiers blancs, ils présentent réellement une double économie : une économie de temps, parce que les élèves apprennent à écrire en quelques mois, et une économie d'argent, parce que ce résultat est obtenu avec un nombre beaucoup moins considérable de cahiers (1).

Cependant, si l'emploi exclusif du modèle détaché ou du tableau noir ne peut, comme nous l'avons vu, garantir à l'instituteur tous les résultats désirables, l'usage seul des cahiers préparés, même de ceux qui offrent des exercices combinés pour le calque et pour l'imitation, ne saurait non plus les lui assurer complètement. Ils hâtent considérablement, il est vrai, les progrès des commençants, et il doit en être ainsi, puisque le calque, bien gradué, est pour la

---

(1) Dans l'intérêt du progrès, non moins que dans celui de l'économie, les commençants ne doivent faire à chaque leçon qu'une page d'exercices, et non plusieurs : on préviendra ainsi facilement, outre de mauvaises habitudes d'exécution, toute observation de la part des parents au sujet des cahiers préparés ; car le plus souvent ils ne trouvent ces cahiers plus chers que les cahiers blancs, que parce que leurs enfants viennent chaque quatre ou cinq jours leur demander l'achat d'un nouveau cahier.

main, encore faible et hésitante, comme un *guide bienveillant qui la conduit, la soutient* et *la dirige dans l'exécution*. Mais, dès que les enfants savent assez bien former des mots, il convient de cesser l'usage du calque, qui n'aurait plus alors aucune utilité; car, de même que l'enfant qui commence à marcher repousse la main qui jusque-là l'avait conduit et soutenu, ainsi l'élève qui est une fois maître de ses mouvements, n'aime plus être assujetti à un tracé devenu pour lui en quelque sorte servile. Les derniers cahiers de la méthode élémentaire devront donc être disposés exclusivement pour l'imitation, pour la copie libre.

Bientôt même, il faudra abandonner l'emploi de toute espèce de cahiers préparés: l'expérience et la pratique prouvent, en effet, que leur usage ne saurait être bien longtemps prolongé sans graves inconvénients; car la copie trop souvent réitérée d'une même phrase d'une ou deux lignes, alors même que le texte en est à la portée du jeune âge, ne tarde pas à amener l'ennui, le dégoût, qui va quelquefois jusqu'à faire perdre en partie le fruit des leçons antérieures; aussi n'est-il pas rare de voir, dans certaines écoles où il est fait un usage abusif des cahiers préparés, les élèves des divisions supérieures écrire le moins bien.

En matière d'enseignement, tout système trop absolu ne vaut rien; les meilleurs procédés offrent quelquefois, isolément, les inconvénients les plus fâcheux, et ce n'est que par leur combinaison intelligente qu'on peut constituer un enseignement fondé sur la nature et vraiment logique, facile pour le maître, fructueux pour les élèves.

Aussitôt donc que la forme graphique sera devenue familière à l'enfant, il faudra lui remettre entre les mains de beaux modèles détachés, qui, par leur nouveauté et leur variété, exciteront et soutiendront son émulation. L'enseignement de l'écriture donné aux élèves avancés d'après le modèle détaché, offre encore deux autres avantages précieux: il n'est pas seulement le plus favorable aux progrès de la calligraphie et à l'éducation morale; il est encore le plus économique, le même modèle pouvant durer longtemps et servir successivement à un grand nombre d'élèves.

On comprendra que ces modèles, destinés à perfectionner la main des élèves et à développer en eux le goût de la belle écriture, ne doivent pas seulement être irréprochables sous le rapport de la netteté, de l'élégance de l'exécution; il est très important encore que le genre et la forme de l'écriture des modèles dérive des mêmes principes que ceux qui ont été enseignés dans les cahiers préparés; autrement les élèves auraient à faire une nouvelle étude de la forme des lettres, et il en résulterait nécessairement un temps d'arrêt plus ou moins long dans leurs progrès. De là, la nécessité d'une méthode complémentaire comprenant, pour les différentes grosseurs d'écriture, une série suffisante de modèles rappelant et développant les principes de la première, et appropriée, en un mot, au divisions supérieures et même aux écoles normales, comme le sont aux classes élémentaires les cahiers préparés dont nous avons exposé le plan.

Si, enfin, par le choix, l'intérêt et la variété des textes, cette méthode complémentaire peut en même temps contribuer à l'instruction proprement dite des élèves, et surtout à leur éducation morale, elle aura toutes les qualités qu'on doive rechercher et qu'il soit possible de trouver réunies dans une méthode d'écriture, et formera, avec les cahiers préparés sur le même plan pour le calque, un ensemble aussi bien gradué, aussi complet, aussi parfait que possible et offrant toutes les garanties d'un enseignement non plus seulement facile pour l'instituteur, fructueux pour les élèves, mais encore économique pour les parents.

QUESTION.

Dans quelle mesure les leçons de calligraphie doivent-elles être théoriques?

RÉPONSE.

Pour certaines branches de l'enseignement primaire, la pratique précède quelquefois nécessairement la théorie. Il ne faudrait pas cependant comprendre par là que le premier travail demandé aux enfants doive être exécuté d'une manière toute machinale.

Peu de connaissances, même parmi les plus élémentaires, sont facilement acquises par les jeunes enfants sans explications et sans raisonnements de la part du maître. Le seul soin important qu'il ait à prendre, c'est de bien graduer ses premières explications, ses premiers raisonnements; de les mettre, comme les premiers exercices qui y donnent lieu, à la portée des enfants; de les proportionner, enfin, à leur âge et à leur degré d'intelligence.

Les premières leçons de lecture, par exemple, peuvent être données sans théorie : car il ne s'agit ici pour les jeunes élèves que d'être attentifs, de répéter le nom des lettres montrées et prononcées par le maître. Mais bientôt il doit en être autrement. On sait que les enfants prennent, et souvent pendant longtemps, le *d* pour le *b*, l'*u* pour l'*n*, le *q* pour le *p*. Comment, sans quelques mots d'explication sur la légère différence de forme de ces lettres, leur apprendre à ne pas les confondre, ainsi que certaines syllabes telles que *on* et *ou*, *an* et *au*, *en* et *eu*, etc.? L'œil trompe souvent les enfants, et la mémoire leur fait aussi fréquemment défaut.

On apprend aussi aux enfants, d'une manière toute pratique, à compter depuis 1 jusquà 100 ; mais il est plus difficile de leur enseigner, sans explication aucune, à représenter ces premiers nombres seulement par des chiffres (1).

L'écriture veut être enseignée de la même manière. Quel intérêt offrirait, en effet, à un enfant de cinq à six ans, une théorie savante de la position du corps, et une longue analyse de la forme des divers caractères d'écriture? De quelle utilité pourrait être pour lui une leçon qu'il ne saurait encore ni comprendre ni appliquer?

On conçoit, dès lors, qu'il n'est pas raisonnable de déterminer la forme des lettres par des règles entièrement mathématiques, ni de la faire exécuter d'après des tracés géométriques, quels qu'ils puissent être. Pour les jeunes enfants, même pour les adultes qui désirent perfectionner leur écriture, les principes et les premiers exercices demandent à être présentés plutôt à la main qu'à l'esprit. Tout autre marche est contraire aux progrès : elle fatigue l'attention, inspire l'ennui et le dégoût, paralyse les mouvements de la main, et rend, par suite, à peu près nuls les efforts du maître et des élèves : les commençants ont bien plus besoin d'être aidés que conseillés.

Il est cependant avantageux de faire quelquefois sentir aux enfants, même aux élèves avancés, la nécessité d'un guide, le besoin d'une direction.

Pour la première leçon, l'élève a presque besoin d'être conduit : ne faut-il pas lui montrer comment il doit prendre la plume, comment il doit la tenir et la diriger? Après cette leçon préparatoire, on peut se dispenser d'entrer dans beaucoup de détails : il suffit d'en surveiller attentivement l'application.

Un peu plus tard, quand les enfants ont acquis, par l'exercice, une certaine habitude de la position indiquée, il importe de leur expliquer pourquoi on exige qu'ils tiennent le corps et le papier, la main et la plume, les bras et les pieds, etc., de la manière prescrite par les bonnes méthodes.

---

(1) LE TABLEAU ARITHMOGRAPHIQUE, par *M. Taiclet*, comprend des moyens aussi simples que faciles pour donner aux jeunes élèves l'intelligence de la formation et de la représentation de tous les nombres depuis *un* jusqu'à *million*. Grande feuille Jésus ; Prix : 1 fr. (*Note de l'éditeur.*)

Éclairer les élèves sur la position qui leur est conseillée, leur en faire apprécier les avantages, n'est-ce pas les disposer à l'observer? Rien ne doit être négligé pour obtenir ce résultat : car il n'y a qu'une *position naturelle* qui puisse favoriser une bonne exécution et ménager la santé, en prévenant les accidents souvent très graves d'une fausse position répétée journellement.

Pour ce qui concerne la forme graphique, tout doit à peu près se borner, dans les commencements et si l'on fait usage de cahiers préparés, à apprendre aux enfants à couvrir d'encre les traits et les lettres en couleur ; à leur montrer, principalement au tableau noir, comment ils doivent exécuter les lettres ; achever celles qui ne sont que commencées ; grossir les traits des lettres esquissées ; placer, enfin, dans les lignes blanches, les lettres et les mots des premières phrases, suivant le modèle de leur cahier préparé. Pour cela, quelques mots d'explication suffisent, surtout s'ils sont répétés à chaque leçon : on apprend mieux par les yeux que par les oreilles.

Mais une fois que l'exécution est devenue familière aux élèves, qu'il s'agit de perfectionner l'écriture, et que la main est assez sûre pour trouver la forme conçue par l'esprit, alors peuvent et doivent commencer les explications détaillées, les démonstrations raisonnées, en un mot, l'enseignement théorique.

Entendues et données de la sorte, les leçons de calligraphie sont toujours couronnées de succès ; elles ont constamment de l'attrait pour les élèves ; et les écritures, loin de dégénérer dans les classes avancées, ce qui arrive quelquefois, s'améliorent sans cesse, se perfectionnent même : tous peuvent ainsi posséder, en cessant de fréquenter l'école, outre une écriture satisfaisante, des conseils et des préceptes propres à la conserver.

MARCHE

à suivre pour obtenir, dans les écoles, un ensemble d'écriture satisfaisant.

Il est assez facile, avec les procédés actuels, de hâter les progrès des commençants ; mais il est toujours difficile de maintenir satisfaisante l'écriture des élèves avancés.

Pour obtenir ce dernier résultat, il ne suffit pas de suivre une bonne méthode, il faut encore qu'elle soit appliquée d'une manière intelligente : car la meilleure méthode n'est qu'un instrument qui fonctionne avec plus ou moins de succès, suivant que l'on s'en sert plus ou moins habilement.

S'il importe que les progrès soient rapides, il n'importe pas moins qu'ils soient continus. Le maître doit donc s'ingénier non-seulement à conserver aux élèves de bonnes habitudes d'exécution, mais encore à soutenir leur émulation pour la belle écriture, afin de s'assurer des résultats généraux qui mettent en lumière la bonté de son enseignement. Voici à ce sujet quelques principes dont l'application démontrera l'utilité :

1º Aussitôt que les élèves sont arrivés, soit par l'ardoise, soit par le procédé plus avantageux du calque, à exécuter convenablement les lettres des différentes séries, ils doivent copier au plus tôt, d'abord des phrases à leur portée, d'une et de deux lignes, ensuite des modèles détachés dont les textes soient successivement plus étendus (1).

2º On ne doit faire commencer les enfants que par la moyenne écriture de 5 ou 6 millimètres : cette grosseur n'a pas seulement l'avantage de s'exécuter plus facilement et de mieux exercer le mécanisme de la main que la grosse et la fine écriture, elle a encore celui de conduire les élèves plus promptement et plus sûrement à une belle cursive et à une bonne écriture courante.

---

(1) Par suite de la gradation et de la répétition fréquente des exercices déjà vus que présentent nos quatre premiers cahiers préparés pour le calque, il n'est pas nécessaire de faire recommencer plusieurs fois le même cahier aux commençants, surtout s'ils ont exécuté, dans de bonnes conditions, les exercices préparatoires du *cahier d'introduction* à notre méthode élémentaire.

3° Il faut tenir les enfants sur l'écriture de 4 millimètres à 2 millimètres et demi jusqu'à ce qu'ils aient l'habitude d'une exécution facile et sûre, et ne faire voir la grosse écriture et l'expédiée qu'aux élèves des classes avancées dont la main est suffisamment préparée à reproduire les formes élégantes ou expéditives.

4° Les élèves qui font de la grosse et de la fine écriture, doivent être exercés souvent à la moyenne, soit qu'on veuille donner à la main des mouvements plus vifs ou moins saccadés, soit qu'on aie à corriger des défauts de forme contractés par l'usage de l'expédiée.

5° Il ne suffit pas que le maître donne ses soins à l'exécution et à la forme des divers caractères, minuscules et majuscules, pour assurer le succès de ses leçons ; il est encore nécessaire qu'il surveille attentivement la position du cahier, la tenue de la main et de la plume, en un mot la position générale du corps. Bien entendue et bien observée, elle facilite les progrès des élèves et ménage en même temps leur santé.

6° La plume dont se servent les élèves avancés doit aussi être bien appropriée à la grosseur de l'écriture qu'ils font : avec une plume trop dure ou pas assez fendue, les pleins de la grosse ne peuvent être obtenus que par une forte pression, toujours nuisible à la main ; et avec une plume trop fine, l'écriture courante ne saurait être suffisamment nourrie sans cesser d'être rapide.

7° Il ne suffit pas de faire revoir aux élèves avancés, à chaque rentrée des classes, les principes concernant la forme et l'exécution, avec démonstration orale au tableau noir ; il est encore nécessaire de les y faire revenir chaque semaine, ou chaque quinze jours, ou au moins une fois par mois. Il convient de n'y consacrer chaque fois qu'une leçon : car l'expérience prouve que les exercices généraux répétés plus souvent cessent d'être exécutés avec intérêt et succès, même par les meilleurs élèves.

8° Les enfants n'aiment pas non plus de copier trop souvent les mêmes textes ; il ne faut donc pas leur laisser écrire bien longtemps le même modèle. Dès qu'ils le font d'une manière satisfaisante, et qu'ils en savent le texte de mémoire, on doit leur donner un nouveau modèle : c'est le moyen de soutenir leur attention, et de faire concourir sûrement les leçons d'écriture à leur éducation intellectuelle et morale.

9° Les élèves de toutes les divisions doivent composer une fois par semaine ; et pour que leur émulation soit excitée, il est utile qu'ils sachent que toutes les dispositions seront encouragées, tous les efforts récompensés, ainsi qu'il est recommandé dans notre onzième conférence.

10° Quand les élèves composent, il convient qu'ils soient mis dans des conditions semblables ; si les modèles ne sont pas les mêmes pour le texte, ils doivent au moins être de la même grosseur d'écriture, afin que la difficulté soit à peu près la même. Lorsque les plumes sont pareilles pour tous les enfants d'une division, le maître peut juger plus sûrement de la bonté ou des défauts de l'exécution, et, par suite, du mérite respectif de la page de chaque élève.

11° Les élèves qui ont des dispositions pour la calligraphie, doivent seuls étudier les genres d'écriture autres que la cursive, et dans l'ordre indiqué par notre conférence à ce sujet. Il est toujours plus utile d'assurer aux élèves une bonne écriture usuelle que de leur apprendre un peu de Ronde, de Gothique ou de Bâtarde.

12° Enfin, l'écriture des devoirs doit être toujours, quant à la forme des caractères, semblable à celle des modèles copiés par les élèves : il convient qu'elle n'ait pas moins de un millimètre et demi de hauteur. L'écriture plus fine n'est pas seulement difficile à lire ; elle entraîne encore les élèves dans des défauts de forme et fait souvent perdre au maître le fruit de plusieurs années de leçons.

DE LA POSITION DU CORPS.

La position du corps, lorsqu'elle est naturelle, ne facilite pas seulement l'exécution, elle ménage encore la santé des enfants, point d'autant plus digne de toute la sollicitude des maîtres qu'une fausse position, fréquemment répétée, peut la compromettre gravement, surtout dans le jeune âge, ou au moins occasionner des accidents fâcheux.

La meilleure santé peut être compromise :

1° Si les enfants, les adultes même, se tiennent trop courbés en écrivant, ou s'ils appuient seulement fortement la poitrine contre la table ;

2° Si au lieu de leur faire tenir le bras gauche dans sa position oblique et naturelle, on leur laisse prendre l'habitude de le placer dans une direction telle que l'avant-bras soit parallèle à la table.

Cette position, qui n'est pas plus naturelle que celle de tenir le

bras droit collé contre le corps, présente les inconvénients suivants :
1° elle attire excessivement *contre la table* le côté gauche du corps, et,
par là, occasionne souvent chez les enfants des indispositions dont
parfois on ne se rend pas compte ; 2° elle peut, étant répétée,
amener insensiblement une déformation de la taille.

J'ai vu de jeunes institutrices qui, pour avoir été astreintes, pendant quelques années, à observer cette tenue du bras gauche, avaient
l'épaule gauche plus basse que l'autre de plusieurs centimètres, et,
de plus, celle-ci rejetée fortement en arrière.

La santé des élèves doit donc, plus encore que la forme graphique,
être l'objet des soins incessants des maîtres, surtout qu'une santé
robuste est d'abord un élément essentiel de tout progrès dans l'instruction, ensuite un moyen d'avenir et de bien-être pour la plupart
des enfants des écoles primaires.

CONSEILS GÉNÉRAUX.

Il importe de répéter souvent ces conseils aux élèves, afin qu'ils
les aient toujours présents à l'esprit :

1° Ne baissez la tête, en écrivant, qu'autant que la vue l'exige,
et évitez avec soin d'appuyer fortement la poitrine contre la table.

2° Ne portez pas entièrement l'avant-bras droit sur la table, mais
seulement la moitié environ, et tenez-le à une certaine distance du
corps.

3° Placez l'avant-bras gauche tout entier sur la table, de manière
que le coude touche au bord, et que la main gauche se trouve vis à
vis de la main droite.

4° Appuyez-vous un peu sur le bras gauche, afin de laisser au
bras droit toute sa liberté de mouvement.

5° Tenez la jambe droite perpendiculairement à la table, mais
avancez un peu la jambe gauche, afin de faire retomber le poids du
corps sur le côté gauche.

6° Ne laissez tomber la main ni en dedans ni en dehors ; dans
l'un et l'autre cas, ni la pente ni l'exécution ne vous seraient faciles.

7° Ne tenez les doigts ni trop allongés ni trop courbés, mais bien
légèrement ployés, sans raideur aucune.

8° Ayez soin de laisser entre les trois doigts qui tiennent la plume,
et les deux derniers qui supportent le poignet, une distance d'environ deux centimètres.

9° Inclinez le cahier légèrement de gauche à droite, afin qu'il se trouve plus facilement dans la direction oblique et naturelle du bras droit.

10° Tenez la plume sur les deux parties du bec, ne la serrez pas fort entre les doigts, et n'appuyez presque pas dessus.

11° Placez la main gauche sur le papier et tout près de la main droite : c'est elle qui doit maintenir le cahier, l'avancer ou le reculer à mesure que vous écrivez.

12° Tenez la plume de manière que le bec dépasse le doigt majeur d'environ un centimètre et demi, et que le corps de la plume passe vis à vis de la première articulation de l'index.

13° Prenez peu d'encre à la fois, et n'attendez pas, pour en reprendre, que celle qui est contenue dans la plume soit totalement épuisée : car vous donneriez *plusieurs teintes* à l'écriture, ce qui la rendrait désagréable à l'œil.

14° Faites toujours à peu près la même grosseur d'écriture que celle de votre modèle, et laissez entre les mots la distance d'une *m* environ.

15° Exécutez toutes les lettres *en une fois:* l'*m*, l'*n*, l'*r*, l'*x*, en remontant la liaison sur le plein ; les *a*, *q*, *g*, *d*, en les formant au moyen d'un *c* et non d'un *o*.

16° Habituez-vous encore de bonne heure à bien lier les lettres entre elles, à exécuter les mots sans soulever la plume, chaque fois que cela est possible. Vous parviendrez ainsi à vous faire une écriture *aisée*, *régulière*, *lisible* et *rapide*.

17° Attachez-vous à bien remarquer la forme des lettres, et efforcez-vous de la reproduire exactement, donnez au *c* et à l'*o* une forme bien *ovale*, et disposez la liaison de chaque lettre et le délié qui la commence, comme l'indique votre modèle.

18° Placez le point de l'*i* et du *j* dans la pente de la lettre, faites-le carré et seulement de la force des pleins. Ne faites pas gros surtout les boutons ou crochets des lettres *b*, *c*, *o*, *r*, *v*, *x;* car rien ne nuit autant à la beauté et à la rapidité de l'écriture.

19° Bouclez l'*s* au commencement et dans le corps des mots, (de la moyenne et de la fine écriture) et ne faites cette forme d'*r* qu'à la fin. Ces deux lettres et le *d* ont seuls une double forme.

20° Deux *f* ensemble doivent se faire ainsi : *ff* pour la facilité et la rapidité de l'exécution.

21° Le *t*, dans l'écriture à main posée, a une barre à droite, à la hauteur des petites lettres ; faites-la *horizontale, courte* et *fine :* car rien n'est plus laid que les longues barres. Évitez-les.

22° Faites toutes les queues de lettres de la même longueur, toutes les boucles de la même hauteur, et ayez soin que l'écriture de tous les mots d'une ligne, de toutes les lignes d'une page soit la même pour la grosseur, la largeur, la pente et l'épaisseur des pleins.

23° Les boucles et les queues de la *grosse écriture* et de la *moyenne* doivent avoir un corps et demi, celles de la *petite moyenne,* au-dessous de 5 millimètres, deux corps ; les boucles et les queues de la *fine* écriture, au-dessous de 3 millimètres, peuvent avoir de deux corps à trois corps, et celles de l'*expédiée* trois et même quatre corps.

24° Ne vous arrêtez pas en faisant un mot pour mettre un *point,* un *accent,* une *cédille* ou une *barre* à un *t ;* ne les mettez que quand le mot est fini.

25° Si un mot renferme plusieurs points ou accents, comme *inégalité,* mettez-les en allant de gauche à droite, et ayez soin de les faire de la même force, de les placer tous à la même hauteur et dans la pente de l'écriture.

26° Disposez bien les signes de ponctuation ; placez le point sur la ligne inférieure du corps d'écriture, et la virgule au-dessous.

27° Pour tous les corps d'écriture, donnez aux majuscules la hauteur des boucles des petites lettres, ainsi que cela existe pour le caractère imprimé ; exemples : *Al, Cb.* N'en variez pas la forme.

28° Lorsqu'il vous reste trop peu de place à la fin d'une ligne pour mettre encore un mot, écrivez-le, s'il est court, à la ligne suivante, et, s'il est long, coupez-le entre deux syllabes, en observant, à ce sujet, ce qui est fait dans les livres et dans vos modèles.

29° Lisez chaque mot avant de le copier ; lisez aussi attentivement le texte de votre modèle et méditez-en les conseils. Enfin, retenez l'orthographe de tous les mots de chacun de vos exemples.

Les conseils concernant la position du corps et les préceptes particuliers à la *Ronde,* à la *Gothique* et à la *Bâtarde,* se trouvent dans l'intérieur même de la couverture du cahier pour chacun de ces genres d'écriture.

Le tableau de ces conseils et de ces préceptes est suivi d'une série de questions dont les élèves-maîtres et les élèves-institutrices trouveront facilement les réponses, par suite des principes indiqués sur les modèles mêmes, et des notes spéciales, concernant l'exécution et la forme, qui sont placées sur chacun d'eux.

MÉTHODE TAICLET

Elle comprend deux parties très distinctes : l'une, toute pratique,
pour les cómmençants ; l'autre, théorique et pratique
à la fois, pour les élèves avancés.

PREMIER ENSEIGNEMENT

CAHIERS PRÉPARÉS D'EXERCICES D'ÉCRITURE

LA COLLECTION COMPREND SEPT CAHIERS

Les cahiers 1, 2, 3 et 4 renferment des Exercices destinés à être repassés à l'encre.

Ces exercices sont basés sur le *Calque fixe*, procédé le plus propre à hâter les progrès des commençants.

Les cahiers 5 et 6 comprennent déjà des modèles d'application d'une et de deux lignes.

Ces modèles commencent par la série des lettres majuscules, et contiennent des phrases à la portée des enfants.

Le 7e cahier (cahier résumé) comprend les principales pages des quatre premiers cahiers.

Ce cahier offre au maître le moyen, aussi prompt qu'économique, de faire revoir aux élèves avancés, *à chaque rentrée des classes*, les principes concernant l'exécution et la forme des lettres de chaque série.

Le cent de ces 7 cahiers assortis : 8 fr.

Le cahier d'introduction à ces cahiers, le cent : 4 francs.

ENSEIGNEMENT COMPLÉMENTAIRE

CITOGRAPHIE

MÉTHODE D'ÉCRITURE PROMPTE ET FACILE

Approuvée pour les Écoles primaires et recommandée pour les Écoles normales

MODÈLES A IMITER ; COPIE LIBRE

12e ÉDITION

1re PARTIE. — La *Cursive*, 4 cahiers ; chacun séparément : 60 centimes. — La même *Méthode*, résumée en un seul cahier : 60 centimes.

2e PARTIE. — La *Ronde*, la *Gothique*, la *Bâtarde*, et l'*Écriture allemande* ; 4 cahiers ; chacun séparément : 30 centimes.

Les CAHIERS PRÉPARÉS hâtent les progrès des commençants ; mais l'émulation, pour la belle écriture, n'est généralement plus excitée et soutenue, chez les élèves avancés, que par la *nouveauté de beaux modèles*, offrant des applications graduées pour toutes les grosseurs d'écriture, et par la *variété de bons textes*, successivement plus étendus et plus sérieux, les intéressant et les instruisant en même temps.

Les modèles de la Citographie contiennent toute la série des préceptes appropriés à la jeunesse.

Metz.— Typ. Rousseau-Pallez, rue des Clercs, 14.